CIEN PASOS PARA VOLAR

Giuseppe Festa

Ilustración de cubierta: Gala Pont
Diseño de cubierta: Sergi Puyol
Maquetación y diseño de interior: Endoradisseny

Título original: *Cento passi per volare*

ISBN: 978-84-17128-15-9
Código IBIC: YF
DL B 5.949-2018

Primera edición: abril de 2018
Duomo ediciones es un sello de Antonio Vallardi Editore S.u.r.l.
www.duomoediciones.com

Gruppo Editoriale Mauri Spagnol S.p.A.
www.maurispagnol.it

Impresión: Grafica Veneta S.p.A. di Trebaseleghe (PD)
Impreso en Italia

CIEN PASOS PARA VOLAR

Giuseppe Festa

Traducción de Marta Gil Santacana

Duomo ediciones

«Una historia preciosa en la que la naturaleza nos libera de prejuicios y nos enseña cómo somos: más fuertes de lo que pensamos, mejores que a simple vista y muy distintos a nuestra apariencia. Un viaje a la montaña y a nuestro interior.»

Araceli Segarra, alpinista y escritora

«No he podido resistirme, me he enamorado de este libro. Lucas ve la naturaleza como solamente pueden verla quienes la miran con el corazón.»

Emilio Ortiz, escritor invidente,
autor de *A través de mis pequeños ojos*
y de *La vida con un perro es más feliz*

Para Sandro y Daniela

PRÓLOGO

Se despertó en mitad de la noche, atrapado por el perfume intenso de las estrellas.

El aire frío del valle erizó las hojas de los árboles y siguió trepando por la roca, hasta la cornisa sobre la que se encontraba desde hacía casi dos meses.

A poca distancia, vigilante al borde del precipicio, una presencia familiar escudriñaba insomne las tinieblas del bosque. El pequeño se preguntó qué era lo que turbaba el sueño de su padre. Quizá la sombra de un oscuro presentimiento.

Se pegó al cálido cuerpo de su madre. Entre sus suaves plumas, se abandonó a un sueño inquieto.

CAPÍTULO 1

La montaña dio al muchacho una bienvenida de resina.

No fue un saludo repentino. Lucas había captado la esencia de los abetos desde el sendero que, más abajo, atravesaba los prados bañados por el sol. El olor de las coníferas se había hecho cada vez más intenso. Cuando su piel notó las primeras sombras de los árboles, se vio envuelto por una fragancia balsámica. Lucas no era muy amante de los abrazos, pero aquel del bosque le gustaba.

—Menos mal, un poco de aire fresco —dijo Bea. La mujer se paró y se ajustó las correas de la mochila.

Lucas, detrás de ella, quedó agradablemente sorprendido por el profundo eco que la voz de su tía había generado. Los troncos de los árboles eran una caja de resonancia perfecta.

—¡Si tuviera la flauta! —se lamentó. El abetal habría respondido a sus notas con una resonancia única, muy distinta de la de los bosques de robles jóvenes que crecían cerca de su casa—. La próxima vez me la traigo y me grabo. Así mando un pequeño recuerdo al profesor de música.

Lucas y el colegio eran como el amor y el odio centrifugados juntos: llevaba a casa dieces en las asignaturas que le apasionaban con la misma facilidad con la que coleccionaba cuatros en las que le aburrían. Música pertenecía al club de los dieces, y a su profesor lo llevaba en el corazón. Lamentaba sinceramente no poder tenerlo más como maestro, desde que había terminado la primaria.

—Podemos volver otro día —lo animó Bea—. Además, me parece que ya hay un concierto en marcha. ¿Qué es este canto?

—¿Qué canto? —preguntó Lucas—. Hay tantos...

—Ese que proviene de aquí arriba —respondió Bea.

—Un pinzón —sentenció el chico—. Y allá hay un carbonero... y también un piquituerto, me parece —dijo apuntando con el dedo hacia arriba.

En ese momento, un pájaro carpintero repiqueteó un

tronco vacío, mientras el inconfundible canto del cuco emergía de entre el murmullo rítmico de los grillos, más abajo en los prados. Lucas catalogó y memorizó cada sonido. Luego cogió con la mano izquierda el pañuelo de seda de su tía y, dándole algunos giros, se lo enrolló en la muñeca.

—¿Seguimos? —dijo inquieto.

De repente, un chillido partió el cielo en dos. Lucas se estremeció, el corazón le latía con fuerza.

—¡Un águila! —exclamó.

Bea intentó mirar por entre las ramas.

—¿Un águila? ¿Estás seguro?

—¡Chist! —Lucas se llevó el dedo índice a la boca.

Un segundo chillido, más débil, resonó entre las montañas.

—Se está alejando —observó.

Se quedaron en silencio durante unos minutos, pero ya no oyeron nada más.

El aguilucho estiró el cuello, excitado: uno de sus padres volvía al nido.

Poco después, un abanico de plumas lo abofeteó con poderosos golpes de aire. Las alas de la madre, batiendo con fuerza para frenar, levantaron un remolino de plumas y polvo. El aguilucho se acercó a ella dando saltitos, ella le ofreció una liebre suculenta y se quedó a un lado observando. Ahora ya no le tenía que despedazar la carne para alimentarlo, el pequeño ya era lo suficientemente mayor para lanzarse sobre la presa y alimentarse solo. Así que esperó a que el polluelo se hubiera saciado y se comió lo que quedaba. Finalmente, después de acariciar con el pico el del pequeño, emprendió de nuevo el vuelo.

La joven rapaz se acurrucó en el centro del gran nido y cerró los ojos, vencida por el letargo de la digestión.

Su padre, que se había puesto en marcha antes del alba, surcaba el cielo a lo lejos en busca de presas.

—Ánimo, ya no falta mucho —dijo Bea.

Su meta era el refugio Cien Pasos, donde ella ya había estado varias veces en el pasado y donde, aquel verano, había decidido llevar a su sobrino. Una ampolla en el talón derecho había empezado a molestar a Lucas, cuando sintió bajo sus pies un mullido manto de pinaza que recubría el sendero de piedras. Se adentraban en el espeso bosque. Y a pesar de que el dolor remitió un poco, notó que cojeaba y se esforzó por caminar con normalidad. Pero su cojera no pasó inadvertida al ojo atento de la tía. En cuanto tuvo ocasión, Bea se detuvo y se sentó sobre una roca que había junto al camino.

—¿Va todo bien, Lucas? —dijo desatándose las botas.

—Sí, ¿por qué?

—¡A mí me duelen los pies! Me están saliendo un montón de ampollas —se lamentó ella observando la expresión del sobrino—. ¡Maldito el momento en que se me ocurrió ponerme las botas nuevas sin haberlas usado un poco!

—Ponte un par de tiritas —le aconsejó él, de pie frente a ella.

—Es justo lo que quiero hacer —dijo ella hurgando en la mochila—. Aquí están. —Se quitó las botas y fingió que se ponía las tiritas—. Ya está, ahora seguro que iré mejor —exclamó mostrando alivio—. ¿Y tú? ¿Cómo vas con las botas nuevas?

Lucas se quedó un momento en silencio.

—Bueno, si tienes alguna tirita de más…

Bea sonrió. Conocía a su sobrino como la palma de su mano. Sabía que, sin aquel truco, no habría admitido nunca que algo iba mal. Más bien habría llegado al refugio con los calcetines ensangrentados.

El chico dejó el bastón de excursionista en el suelo y se quitó las botas. Se estremeció al pasar el dedo por la ampolla, ya llena de líquido. La cubrió con una tirita y se volvió a calzar las botas.

—Vamos, basta de descansos —murmuró levantándose—. Si no, no llegaremos nunca.

Se enrolló el pañuelo de seda en la mano izquierda y recogió el bastón del suelo.

—En marcha —dijo dando una palmada a su tía en la cadera.

Poco después, el murmullo de un río cubrió los demás sonidos. Bea y Lucas atravesaron un puente colgante de madera, situado solo un poco más abajo de un impetuoso salto de agua. Él giró el rostro hacia la cascada: las gotitas suspendidas en el aire le acariciaron la piel, y la brisa húmeda de la canal lo hizo estremecer de placer.

—Ya casi hemos llegado —dijo Bea—. Me acuerdo de esta cascada.

Pasaron algunos minutos y salieron del bosque. Siguieron por el sendero unos cuantos cientos de metros y cogieron un camino que iba directo al refugio.

El Cien Pasos descansaba sobre el valle.

Lucas escuchó las primeras voces de los turistas que charlaban en los bancos de madera del exterior del refugio.

Soltó el pañuelo de seda que Bea llevaba anudado a la cintura y sacó de un bolsillo de la mochila un segundo bastón telescópico. Ella suspiró.

—¿Por qué no me das la mano? Mira, no tienes por qué…

—¡Tía! —la interrumpió bruscamente Lucas, intuyendo lo que le iba a decir—. Tú continúa adelante, yo te sigo. Basta con que hables.

El tono no admitía réplica alguna, su tía lo sabía. Reemprendió la marcha sin insistir, mientras el rostro de Lucas se ensombrecía. El pañuelo era una condición que aceptaba a regañadientes… pero la mano, eso sí que no.

«Soy ciego, pero no soy un crío», pensó mientras se acercaba cada vez más al refugio.

CAPÍTULO 2

Este maldito camino no se acaba nunca —se lamentó Pancho—. Hemos caminado mucho más pasando por aquí. Si hubiéramos dejado el coche en el pueblo, como te había dicho…

—¡Déjalo ya! —resopló Roque—. ¿No entiendes que es mejor pasar desapercibidos?

—Pues yo creo que el todoterreno llama mucho más la atención en la pista donde lo hemos aparcado.

—Déjamelo a mí. Si las cosas se ponen feas, por lo menos podremos salir pitando.

Pancho, cargado con la pesada madeja de cuerda, avanzaba al ralentí y no paraba de quejarse. Le gustaba escalar, pero odiaba caminar, especialmente cuando iba cargado como una mula.

—Ya llegamos —anunció Roque—. Pasaremos la noche en un lugar tranquilo, lejos del sendero.

—Espero que podamos encender una hoguera —dijo Pancho—. Después de esta caminata, nadie me quita un buen plato de alubias con pan tostado.

—El que se merece esas malditas alubias soy yo, ya que me las has hecho cargar a mí.

Pancho alzó una ceja.

—¿Quieres que te las cambie por las cuerdas y todo lo demás?

—Vamos, guarda aliento para la subida, media hora más y paramos. Mañana por la mañana, al amanecer, ya estaremos cerca del acantilado —dijo su compañero frotándose las manos.

Para Lucas el impacto con el interior del refugio no fue agradable. Una oleada de voces lo arrolló al entrar. A su derecha, una cuadrilla cotorreaba; a su izquierda, otro grupo se reía a pleno pulmón. Tuvo la misma sensación que cuando caminaba por la ciudad y el ruido del tráfico lo ensordecía. Por eso le gustaba tanto la montaña: en sus aparentes silencios, los sonidos navegaban por el aire por rutas agradables y reconocibles.

Inmediatamente después lo envolvió un apetecible perfume de polenta y setas. Durante el día había saqueado varias veces sus bolsillos, llenos de tofes. Por esos cubitos de placer caramelizado experimentaba un sentimiento de profunda devoción y gratitud: en los momentos de dificultad, siempre estaban ahí. Pero ahora ya empezaba a tener hambre.

—Ven, te presentaré a Héctor —dijo Bea—. Está ahí, detrás de la barra.

Los dos se acercaron al anciano guarda del refugio Cien Pasos.

—Bienvenidos —dijo extendiendo sus brazos y dirigiéndose hacia ellos a grandes zancadas—. ¡Habéis conseguido llegar antes de que anochezca!

Sonrió. Su voz era cálida y confortante.

—Tú debes de ser Lucas —dijo apoyando una mano en el hombro del chico—. Tu tía me ha hablado mucho de ti.

—No le digas eso, Héctor, que luego se le sube a la cabeza —dijo Bea riéndose con las manos en las caderas.

—¿Preferís subir a la habitación a instalaros o queréis comer algo primero?

Bea titubeó.

—Subamos a la habitación, tía —le susurró Lucas al oído. El molesto ruido producido por los otros clientes había vencido al hambre.

Héctor los acompañó al piso de arriba.

Mientras recorrían el refugio, Lucas trazó un mapa mental del nuevo entorno. La escalera de madera se encontraba a la izquierda de la barra del bar, y se dividía en dos tramos de doce peldaños cada uno. Luego, un largo pasillo daba a las distintas habitaciones. Lucas sintió bajo sus pies la fricción con las tablas de madera. En algún momento, el eco de sus pasos se propagaba a derecha e izquierda. «Algunas puertas de las habitaciones deben de estar abiertas», se dijo el muchacho.

Su habitación se encontraba al final del pasillo.

Al entrar, los acogió un agradable olor de pino y de lavanda.

—Poneos cómodos y refrescaos —dijo Héctor mirando a Bea—. Como ya sabes, el baño es compartido con los demás huéspedes. Esto es un refugio de montaña pequeño, y las únicas estrellas que tenemos son las del cielo.

Ella se encogió de hombros.

—Bah, para nosotros ya está bien, no te preocupes.

—Entonces os espero abajo... quizá dentro de un rato, cuando se hayan marchado esos escandalosos —añadió en voz baja—. Son tan ruidosos... por suerte solo están de paso. Dentro de poco bajarán al valle.

Cuando Héctor hubo salido, lo primero que hizo Lucas fue quitarse las botas. No dijo nada, solo soltó un gran suspiro de alivio. Luego exploró la habitación, con la ayuda del bastón de excursionista. Siempre había rechazado el habitual bastón para ciegos.

—Es tan cómodo este bastón... —decía mientras manejaba con habilidad el bastón de trekking como si fuera el florete de un esgrimista.

Después de vaciar la mochila, Lucas y Bea se tumbaron sobre la cama. Permanecieron así un rato, escuchando y esperando que el refugio quedara en silencio.

Hacía tres años que salían a la montaña juntos. Al principio habían hecho excursiones más bien fáciles por los suaves relieves que rodeaban el pequeño pueblo de los Apeninos en el que vivían.

—Un día te llevaré a los Alpes —le había prometido Bea. Y ahí estaban, en el corazón de los Dolomitas.

Cuando tenía poco más de dos años, a Lucas le diagnosticaron una enfermedad degenerativa del nervio óptico. Sus padres no se resignaron y, con la intención de encontrar una cura, iniciaron un largo peregrinaje de un hospital a otro. Cuando al papá de Lucas se le acabaron los permisos en el trabajo, su hermana Bea se ofreció para acompañar a la cuñada y al sobrino. Así fue como la tía se convirtió en una presencia constante en la vida de Lucas. Tras unos cuantos fracasos en Italia, probaron en el extranjero. Primero en Francia, luego en

Alemania. Por último, en Suiza, donde una gran eminencia acabó con cualquier tímida esperanza con una frase definitiva: el niño va a perder la vista. En el mejor de los casos a los ocho o nueve años de edad. En el peor, mucho antes. Se dio el peor.

Sucedió cuando solo tenía cinco años. No fue algo inmediato. Sus ojos fueron perdiendo gradualmente la capacidad de enfocar los objetos. Primero las cosas y los rostros se le desenfocaron un poco, luego se le fueron haciendo más y más borrosos. Poco a poco, fueron desapareciendo los contornos y los colores. Al final, solo quedó la oscuridad.

Como todos los niños que se acostumbran rápido a los cambios, Lucas en poco tiempo encontró soluciones y estratagemas para gestionarlo todo sin ver nada. Además, tenía una gran memoria visual que le permitía conservar imágenes de sus primeros años de vida. Precisamente gracias a esas imágenes aún proyectaba en su mente representaciones más bien realistas del mundo que lo rodeaba. Claro está que adaptarse a esta nueva «dimensión» no le fue fácil. Pero con el tiempo encontró la manera de continuar haciendo todo lo que hacía antes de perder la vista.

Solo había una cosa de la que no quería oír hablar: los viajes. Tras años de un continuo ir y venir entre clínicas y hospitales, para Lucas salir de casa era como revivir los agotadores tratamientos médicos y los fríos diagnósticos de los doctores. Bea comprendió que necesitaba romper con aquella asociación de ideas. No quería que su sobrino se autocondenara a vivir recluido en su pueblecito natal.

Fue así como se le ocurrió una idea: para su octavo cumpleaños le regalaría un viaje a Eurodisney. Un viaje juntos, los dos solos. Cuando se lo comentó a su hermano y a su cuñada se encontró frente a dos rostros un poco asustados, como era comprensible, pero también ilusionados. Y dicho y hecho, se marcharon. Fue una experiencia inolvidable para los dos. París los recibió con un tsunami de sonidos, olores y sabores nuevos. A partir de entonces, cada año habían compartido al menos un viaje juntos. Ahora ya era un ritual. Ámsterdam, Londres, Barcelona.

Pero, más adelante, Bea encontró un trabajo nuevo. Tenía que respetar unos turnos fijos y estar disponible, así que hacer viajes largos le resultaba ahora complicado. Por eso comenzaron a salir de excursión a la montaña. De niña, Bea había sido *boy scout*, y el placer que sentía al caminar por las alturas no lo había olvidado nunca. Ahora que ya era una mujer adulta, adoraba la idea de calzarse las botas y de poder lograr un objetivo, daba igual que fuera un lugar en concreto o un recorrido entre senderos y valles. Y también daba igual que fuera difícil. Lograrlo con el propio esfuerzo le proporcionaba una sensación intensa, era como retroceder a aquellos tiempos en los que la tecnología y las máquinas aún no habían privado al hombre de contar solo consigo mismo.

Bea desempolvó su vieja mochila y compró otra para su sobrino. Para Lucas, los paseos por la montaña fueron todo un descubrimiento. Delante de él se abrió la posibilidad de estimular sus sentidos de otra manera. Se sentía como una antena parabólica que, tras haber recibido durante años mensajes del planeta Tierra, de repente empieza a captar oleadas de señales de otro mundo. Un mundo que, por razones no muy distintas a las de su tía, le ofrecía otra oportunidad para ponerse a prueba.

CAPÍTULO 3

El sol saludó al valle y se acostó más allá de las cimas occidentales. Un escalofrío ahuecó las plumas de la cría de águila. Un nuevo espasmo de hambre le sacudió el estómago.

El día parecía no tener fin. Aparte del breve retorno de su madre al nido con la liebre, no había ocurrido nada más.

Estiró las alas, batiéndolas con fuerza. Se alzó unos palmos del suelo y volvió a caer en el mismo punto. No se atrevió a moverse más por miedo a caer abajo. El instinto le diría cuándo emprender el vuelo, pero aún no era el momento: los músculos de las alas eran demasiado débiles.

Un chillido agudo llenó el aire. Luego otro, más grave. Sus padres volvían al nido. Constató, decepcionado, que no llevaban ninguna presa.

La cuadrilla de excursionistas ruidosos —molestos, habría dicho Héctor— abandonó finalmente el refugio, aprovechando el fresco del atardecer para descender al valle.

Bea y Lucas bajaron al salón y se sentaron en una de las mesas que había junto a la chimenea.

—Pastel de chocolate en camino y té frío, os aviso que no le he puesto mucho azúcar —gritó Héctor desde la cocina.

Finalmente el refugio mostró a Lucas su delicada ambientación sonora. El crepitar de la leña que, a juzgar por el olor, parecía haya; el suave zumbido de la máquina de café; el plic, plic de las gotas en el fregadero de la barra. Una abeja prisionera dándose golpes contra el cristal de una ventana en su intento por alcanzar el polen de los prados, mientras el tictac de un reloj de cuco marcaba el paso del tiempo desde la parte delantera de la chimenea.

El banco de madera en el que se sentaba Lucas estaba cubierto por largos cojines. Pasó las manos por encima de la tela y los notó ásperos y con el relleno de espuma. La superficie de la mesa, en cambio, estaba pulida por el uso. Aquí y allá, las vetas se convertían en diminutos cañones. Pequeños surcos en los que los dedos de Lucas descubrían dibujos misteriosos.

—¡Aquí está! —dijo Héctor con una bandeja en la mano—. Ya me diréis si os gusta el pastel. Lo he hecho con mis propias manos.

—¡Me encanta el chocolate! —exclamó el chico comiendo un bocado.

Aún estaba masticando cuando un sonido nuevo llamó su atención. Unos pasos ligeros al otro lado de la barra. Luego, el tintineo de unos cubiertos y vasos. Lucas se giró en esa dirección y el propietario entendió el gesto.

—Clara —llamó—. ¡Ven, quiero presentarte a los recién llegados!

Ella dejó la vajilla que estaba secando y se acercó al abuelo.

—Esta es mi amiga Beatriz, y este joven hambriento es su sobrino Lucas.

El muchacho se apresuró a limpiarse la boca y las manos, mientras intentaba engullir un enorme trozo de pastel.

—Hola —dijo saludándola con la mano.

—Encantada, yo soy Clara —murmuró ella tímidamente. Tenía en la boca un caramelo de canela y menta.

Insegura, se quedó un momento embobada junto a la mesa.

—¿Por qué no comes un poco de pastel con nosotros? —le preguntó Bea con una sonrisa.

—Mmm, tendría que terminar de fregar los platos —contestó con voz vacilante.

—Olvídate de los platos —intervino Héctor—. Déjalos en remojo con agua caliente, así se dan un baño en agua termal —bromeó.

La chica sonrió fugazmente a su abuelo, se sentó y se sirvió té.

—¿Quieres azúcar? —le preguntó Lucas.

Ella se colocó un mechón de pelo rebelde detrás de la oreja.

—Sí, gracias.

—¿Normal o de caña?

Lucas tenía en la mano dos sobres de azúcar.

—Mmm, de caña.

El chico le dio el sobre que tocaba. Se divertía jugando a sorprender a las personas. Clara se limitó a darle las gracias. No tuvo valor para preguntarle cómo lo había hecho.

Bea y Héctor hablaban entre ellos, Lucas solo consiguió captar algunas frases sobre lo poco que había nevado ese año y cómo el aumento de las temperaturas estaba poniendo en riesgo el entorno de montaña. Así que aprovechó para entablar conversación con Clara. Por un momento pensó en su amigo Tito, que en el colegio había destacado por sus innumerables intentos de acercarse a las chicas. Todos un absoluto fracaso, pero que habían dado a Lucas una idea exacta de lo que *no* se debía hacer nunca con las chicas.

—¿Cuántos años tienes? —le preguntó.

—Catorce —contestó ella sorbiendo té.

—Como yo. Así estás en secundaria.

—Sí.

—¿Vives aquí con tu abuelo?

—No, no —se apresuró a contestar ella. Aunque los buenos modales le decían que explicara dónde vivía y por qué estaba en el refugio, Clara no añadió nada más. La chica no era muy habladora, pero había algo más: se sentía incómoda. Nunca había hablado con una persona invidente. «Seguro que meto la pata», se dijo para encontrar una justificación al malestar que sentía y que le encogía el estómago. Con el tiempo entendería el verdadero motivo de esa extraña sensación.

Lucas comprendió que era mejor dejarlo y no le preguntó nada más. Dio otro bocado al trozo de pastel, pensativo. «Liquidado en tres frases, ni Tito lo habría hecho peor. Esto seguro que no se lo cuento.»

En ese momento, un hombre con paso firme entró en el refugio. Lucas reconoció el ruido sordo de la mochila al caer sobre los tablones toscos del suelo.

—¡Aquí está, por fin! —lo recibió Héctor acercándose a él—. Empezaba a pensar que te habías perdido en la montaña.

—¡Qué papelón para un guía alpino! —exclamó sonriendo el hombre.

Su voz, profunda y madura, poseía el vigor de la juventud. Lucas pensó que debía de tener más o menos la edad de su tía.

—He llegado tarde porque me he parado a charlar con un rebaño de turistas en trashumancia. Me han dicho que han estado aquí. ¿Has sobrevivido? —dijo dándole una palmada en el hombro.

Héctor sacudió la cabeza y sonrió divertido.

—Ni me los menciones —soltó antes de presentarlo—. Este es Tristán, un buen amigo que se quedará un par de días aquí en el refugio.

El hombre extendió la mano derecha para saludar a Lucas pero este no percibió el gesto y el brazo del guía quedó suspendido en el aire. Cuando reparó en que no podía verlo, se puso rojo como un tomate y apartó la mano apresuradamente.

—Mañana por la mañana Tristán llevará a mi nieta

Clara de excursión —intervino Héctor—. Yo también iría —aclaró—, pero en esta época del año, con todos los turistas que pasan por aquí, no puedo alejarme mucho.

La muchacha sonrió por compromiso, en realidad salir de excursión no le apetecía en absoluto. «Preferiría pasarme todo el día aquí secando vasos y tomando el fresco», pensó, «que sudar como un pollo caminando por un sendero asfixiante».

—Qué bien, y ¿adónde la llevarás? —preguntó Bea mirando a Tristán.

—La idea es llegar al pico del Diablo.

—Es un lugar precioso —explicó Héctor.

—Sí, las vistas desde allí son maravillosas —confirmó Tristán—. Además, quiero enseñarte el nido de Mistral y Levante —añadió mirando a Clara.

La chica frunció el ceño.

—¿Quiénes son?

—Una pareja de águilas. Las llamamos así, ¿verdad Héctor? Con el nombre de dos vientos.

A Lucas se le iluminó la cara y se enderezó en el banco.

—La última vez que estuve allí había un aguilucho —dijo Tristán cruzando los brazos sobre el pecho—. Una bola de plumas.

—¿Lo viste de cerca? —preguntó el muchacho apretando los labios curioso.

—No, el nido está en una pared de difícil acceso, como todos los nidos de águila, pero sé de un lugar desde donde se puede observar al pequeño sin molestar a sus padres, usando unos prismáticos.

Héctor apoyó las manos en el respaldo del banco.

—¿Por qué no vais también vosotros dos?

—¡Sería genial! —exclamó Lucas con entusiasmo.

A Tristán le pilló por sorpresa.

—Pues, sí... pero el camino es más bien difícil —comentó rascándose la cabeza y dejando escapar una mirada recelosa hacia el chico.

—Nunca he estado en el pico del Diablo —intervino Bea fingiendo no haber notado la mirada perpleja del guía—, pero si no hay tramos especialmente peligrosos, estaremos encantados de acompañaros.

—No hay ningún tramo peligroso —la tranquilizó Héctor—. Y, además, con Tristán de guía...

El hombre forzó una sonrisa.

Héctor sabía que la subida al pico del Diablo no era tan fácil como la estaba describiendo, pero sentía que esa aventura les vendría bien a todos.

CAPÍTULO 4

A casi un kilómetro en línea recta desde el refugio, en una cañada oscura en medio del bosque, unos destellos de fuego se filtraban entre las hayas.

Pancho y Roque estaban acurrucados junto al fuego, lejos de ojos indiscretos.

—¿Cuánto falta para llegar al gallinero? —preguntó Pancho rascándose la nariz.

—En diez minutos llegaremos a la base de la pared —respondió su compañero, con voz ronca de viejo cuervo—. Luego hay que escalar… —añadió preocupado—. Llevará al menos una hora llegar ahí arriba.

—Como mínimo.

—Nos pondremos en marcha al amanecer, pues.

Y que no se nos pase apagar el fuego mañana por la mañana. Los guardas forestales tienen cien ojos —dijo tumbándose—. Estoy deseando meter esa gallinita en el saco, largarnos de aquí y pasar por caja.

—Será un paseo, ya lo verás —lo tranquilizó Pancho.

—Eso mismo dijiste hará dos meses, en Sicilia. Y por poco acabamos entre rejas.

—Allí aquellos estúpidos entrometidos nos tendieron una trampa. Aquí va a ser diferente.

—Eso espero. Pero ahora vamos a dormir, si no mañana no distinguiremos un águila de una codorniz.

Lucas se acurrucó bajo las mantas, con el ceño fruncido.

—¿Qué te pasa? —le preguntó Bea.

—Nada.

La tía se sentó a su lado.

—Vamos, que te conozco, lironcillo. ¿No estás contento con la excursión de mañana? Veremos el nido de un águila, ¿te das cuenta?

Silencio.

—Deja que adivine: no te gustan Clara y Tristán —dijo para provocarle.

—Para el guía soy un lastre, no hace falta ser muy listo para entenderlo.

—Estoy segura de que le harás cambiar de opinión

—contestó de inmediato la tía—. ¿Y Clara? ¿Qué tiene de malo, ella? Es maja.

—Puede que sea maja, pero me ha contestado con monosílabos —suspiró—. Bueno, quizá solo sea que es tímida.

«O quizá es que yo no he entendido nada», pensó al instante, pero no lo dijo en voz alta.

—¿Qué te parece si ahora nos olvidamos de todo y nos zambullimos en un buen libro? —propuso Bea.

—Oh, es la primera cosa sensata que has dicho hoy —exclamó el chico.

Ella sonrió mientras se levantaba.

—Vamos a ver… ¿Cuál prefieres?

—¿*Cuál*? Pero, ¿cuántos libros has traído?

—Puedes escoger entre Harry Potter y Rigoni Stern.

—Vaya. La noche y el día… —Lucas se lo pensó unos segundos—. ¿Tú cuál escogerías?

—Como estamos en la montaña, Rigoni Stern.

—Pero Harry Potter…

—Hagamos una cosa: empecemos con Stern, que aquí de magia ya hay mucha, y luego si en los próximos días nos queda tiempo leemos a tu pequeño mago… ¿Te parece bien?

El chico asintió y las encantadoras historias de hombres y animales invadieron sus pensamientos hasta que lo venció el sueño. La larga caminata lo había dejado agotado.

Bea lo observó en silencio durante unos minutos, luego le acarició fugazmente el pelo.

Suspiró. En los últimos años, Lucas se había vuelto muy autónomo: se hacía el desayuno, se preparaba la mochila para ir al cole, escogía la ropa que se pondría. En casa se movía con total desenvoltura. Hasta demasiada, pensó. A menudo bajaba los peldaños de dos en dos, cuando iba al piso de abajo, y aterrizaba con los dos pies como un gimnasta tras un salto. A su madre, cada vez que lo hacía, le cogía un ataque.

Le gustaba el deporte y con frecuencia salía a pasear en tándem con Tito. Desde hacía un tiempo también asistía a clases de tenis y rápidamente había ganado una gran habilidad. «Es muy fácil», le había dicho a su tía. «Escucho el sonido de la pelota sonora y deduzco la trayectoria.» Ella había arqueado las cejas sorprendida. «Ya, muy fácil.»

Bea estaba muy orgullosa de su sobrino, pero también estaba preocupada. Se hacía mayor y, como todos los chicos de su edad, poco a poco se iba alejando de la protección familiar. Pero en su camino se iba encontrando también con los prejuicios de la gente. Y, como es natural, no le gustaban.

Lucas era un adolescente, exactamente igual que sus compañeros. Consideraba la ceguera como algo secundario. Sin embargo, cada vez más los otros veían primero al ciego y luego al muchacho. Incluso Bea se había dado cuenta de ello desde hacía un tiempo. Y él había reaccionado mostrando aversión frente a cualquier tipo de ayuda, casi nunca consentía que su tía le echara una mano. Aunque no siempre, solo la dejaba cuando era realmente inevitable.

Bea temía que esa búsqueda obstinada de autonomía a toda costa pudiera convertirse en un arma de doble filo. En septiembre empezaría a ir a un nuevo instituto. Nuevo colegio, nuevos compañeros. ¿Cómo se orientaría en un entorno desconocido? ¿Haría concesiones? Bea soltó otro suspiro. Algo le decía que no. La palabra *concesión* no formaba parte ahora del diccionario de su sobrino. Y aun así, su incapacidad por reconocer los propios límites corría el riesgo de convertirse en su mayor límite. Pero hasta que no fuera consciente de ello, Lucas sería incapaz de alzar verdaderamente el vuelo.

Bea se frotó los ojos. También ella estaba cansada.

CAPÍTULO 5

Lucas se levantó de golpe de la cama. Llamó a su tía. Ella no contestó, quizá no estaba. Salió de la habitación. El pasillo… tuvo la sensación de que ni tan siquiera eso estaba. No encontraba las paredes que lo delimitaban. Moviendo las manos ante sí, encontró una especie de camino flanqueado por setos espinosos. Lo recorrió a trompicones. Plantas enredaderas se le agarraban a los pies, las notaba mientras le subían por las pantorrillas. A medida que avanzaba, era como si los setos se fueran estrechando sobre él. Oyó unos pasos ligeros detrás de él. Aceleró, las espinas le rasgaron la ropa y le laceraron la piel. Al final el túnel vegetal se abrió. Giró sobre sí mismo y el aire silbó a su alrededor. Poco a poco fue distinguiendo algo. Su memoria visual, una vez más, le proporcionaba imágenes vívidas y concretas. Vio que se encontraba en una especie de balcón cubierto de hierba. Tenía delante un precipicio que caía vertical a un extenso valle boscoso. Se giró de nuevo hacia la maraña de espinas de la que acababa de salir. El sonido de los pasos se acercaba. Cada vez más. Retrocedió hasta que con los talones acarició el borde del precipicio. El corazón se le aceleró. Algo avanzó hacia él, luego se detuvo. Era un chico. Tenía en la mano un bastón blanco. Lucas se tocó la cara con las manos, buscando comparar sus facciones con las de la imagen que tenía enfrente. No había duda alguna: él y el chico se parecían. Respirando con dificultad, se giró hacia el barranco. En ese preciso instante el chillido de un águila recorrió el cielo. El aire se movió cerca, la silueta del ave rapaz pasó volando frente a él. Parecía alentarlo.

«Vamos, agárrate a mis patas. Vuela lejos, ven conmigo.»

Lucas estiró los brazos pero no se movió.

—¡No puedo! —gritó—. ¡No llego! —volvió a gritar.

Bea se despertó de repente.

—¿Qué pasa?

Él estaba sentado en la cama, en medio de un charco de sudor.

—N...nada... la misma pesadilla de siempre —jadeó.

La tía se acerco a él, se sentó a su lado y le acarició el pelo.

—¿Te apetece contármelo, esta vez?

—No, no quiero —suspiró con pesadez—. ¿Qué hora es?

—Son las tres —dijo Bea levantándose y abriendo el armario—. Te daré una camiseta seca.

Lucas respiró profundamente y se volvió a tumbar en la cama.

—Ojalá fuera ya de día.

El aguilucho se despertó al sentir que sus padres se movían. Su padre, Mistral, emprendió el vuelo tras olfatear el viento. Poco después, Levante también dejó el nido. Con un aleteo lento y vigoroso las dos aves rapaces fueron ganando altura. Había empezado otro día de caza. Unas semanas más de carne fresca y el polluelo estaría preparado para volar. Físicamente ya era casi idéntico a sus padres, solo que un poco más pequeño. De la bola de plumas de ojos grandes y patas largas, ya no quedaba nada.

Batió las alas y dio dos saltitos hasta el borde del nido. Una suave brisa hizo llegar a su pico un perfume de flores de verano y resina. Mucho más abajo, el bosque besaba los pies de la pared rocosa. Su vista aguda distinguió el movimiento rápido de una ardilla que saltaba de una rama a otra. Se estremeció. El instinto del depredador. Intentó distinguirla de nuevo entre la espesa vegetación.

Estaba a punto de retroceder hasta la pared de roca, cuando advirtió otro movimiento. Asomó la cabeza. Había algo ahí abajo, entre los árboles. Dos sombras silenciosas salieron del bosque, se acercaron a la pared y miraron hacia arriba. Hacia donde él se encontraba. Eran unos animales extraños, unos que nunca había visto antes. Animales con dos patas como él, pero sin alas.

Uno de los dos tocó la roca, y el aguilucho sintió que le recorría un escalofrío.

Tristán terminó de desayunar antes que los demás y salió a esperarlos fuera del refugio. Sentado en el borde de una fuente tallada en un tronco de alerce, empezó a examinar los picos circundantes con sus potentes prismáticos, acompañado por el alegre borboteo del agua helada que caía al abrevadero.

Cuando Bea y los chicos se reunieron con él, los recibió con su mejor sonrisa, intentando parecer tranquilo y seguro de sí mismo.

—¿Preparados?

Clara bostezó, seguida rápidamente por Lucas. La única que parecía despierta y animada era Bea.

—Preparadísimos —contestó ella por todos.

—En marcha, pues —los exhortó el guía—. Para llegar al pie del pico del Diablo, normalmente hay que caminar un par de horas.

A Lucas le cambió la cara: la palabra *normalmente* parecía subrayar la *anormalidad* de la situación. A Tristán no se le escapó la expresión contrariada del muchacho y se mordió la lengua.

Bea acercó al sobrino un extremo del pañuelo de seda y le tocó ligeramente la mano izquierda.

—¿De verdad es necesario? —susurró el chico.

—Sí, lo es —respondió ella con decisión.

—Vaya —dijo Tristán cuando Lucas se enrollaba el pañuelo en la mano—. Veo que habéis ideado un sistema —dijo un poco aliviado, midiendo las palabras para evitar meter la pata otra vez.

—Es mi tía la que insiste —puntualizó el chico malhumorado—. Puedo apañarme con mucho menos.

Bea se encogió de hombros y con un gesto invitó a Tristán a ponerse en camino.

Lucas empezó a caminar con paso seguro detrás de su tía. Clara cerraba la comitiva.

El sendero iba directo a un barranco que había a unos cien metros del refugio. Más adelante, a pocos pasos del precipicio, el camino giraba formando un ángulo recto y, siguiendo una pendiente cubierta de hierba, se encaramaba hacia cotas más elevadas.

—Esto es el Salto del Lirón —dijo Tristán señalando el barranco y deteniéndose un instante a admirar las bonitas vistas que había desde aquel punto.

—¿El Salto del Lirón? —preguntó Lucas intrigado. ¡Qué coincidencia! Su tía le apodaba *lirón* desde que era pequeño. Él creía que ella le había puesto aquel sobrenombre porque por la noche se dormía como un tronco y roncaba hasta la mañana, incluso si tenía pesadillas. Pero, en realidad, Bea lo llamaba así porque, igual que hacían los lirones, su sobrino sabía moverse en la oscuridad gracias a sus agudísimos sentidos. Aunque eso, a Lucas, nunca se lo había dicho.

—El nombre del barranco procede de una leyenda —explicó el hombre atacando la subida—. Dicen que un día, un lirón al que perseguía un zorro se lanzó al vacío y aprendió a volar.

—¿Un lirón que vuela? —dijo Clara sonriendo mientras se imaginaba al pequeño roedor, parecido a una ardilla, batiendo enérgicamente las patitas en el aire y aterrizando suavemente sobre la copa de un pino.

—Todo vale, en las leyendas —apuntó Tristán. Mientras caminaba, miraba con el rabillo del ojo a Bea y a Lucas para intentar acompasar su paso al de ellos. Temía ir demasiado rápido. No podía entender por qué aquel chico se tenía que embarcar en semejante empresa para llegar al pie del nido del águila. «¡Ni siquiera lo podrá ver! ¿Qué sentido tiene?»

—Pero, ¿cuánto tiempo necesitas para clavar un clavo? —gruñó Roque.

—Te lo voy a meter en la cabeza como no pares de quejarte.

Pancho, que era el jefe de cordada, trepaba ágilmente agarrándose con sus dedos fuertes a los salientes de roca. Cada diez metros aproximadamente, buscaba alguna fisura en la que clavar un clavo largo y estriado, luego introducía un mosquetón. De este modo, podía avanzar con seguridad, ya que tenía puntos de anclaje fijos en caso de caída.

Roque, un poco más abajo, parecía un salchichón colgado. Odiaba escalar tanto como Pancho detestaba caminar. Y no lo ocultaba en absoluto. Nervioso, echó un vistazo al valle, preocupado por si algún forestal salía del bosque en cualquier momento. El incidente de Sicilia le había infundido miedo.

Solo un par de meses antes, los dos furtivos se encontraban en Sicilia para saquear nidos de águila de Bonelli, una de las rapaces más raras de Europa. Un robo por encargo, de parte de un traficante internacional. Un trabajo muy bien remunerado que habría llevado los aguiluchos a los países árabes, para satisfacer el capricho de un emir con afición a la cetrería. La operación, sin embargo, no había ido como estaba previsto. Los dos habían sido sorprendidos in fraganti por el voluntario de una asociación de aficionados a la ornitología que se dedicaba a la vigilancia de los nidos, desde las puestas de los huevos hasta el primer vuelo de las rapaces. El voluntario no solo había alertado a los forestales, sino que además había tomado fotos de los furtivos con un potente teleobjetivo. Los dos habían conseguido escapar y habían tenido que cambiar de aires durante un tiempo.

Ahora estaban intentando su primer golpe después de la apresurada huida de Sicilia.

—Ya casi hemos llegado al gallinero.

—¡Madre mía! —exclamó Roque mirando las ramas del nido que sobresalían de la cornisa que tenían un poco más arriba—. ¡Es enorme!

—Esperemos que sus padres no sean igual de enormes —replicó Pancho examinando el cielo—. Démonos prisa en coger al pollo, o lo hacemos antes de que vuelvan de caza o a mí me da que sus presas vamos a ser nosotros.

No sería la primera vez que un águila atacaba a un cazador furtivo para defender su nido. Y ellos lo sabían muy bien.

Pancho examinó la pared que tenía enfrente en busca de la próxima fisura.

—Un clavo más y ya habremos llegado.

CAPÍTULO 6

Podemos descansar aquí —propuso Tristán deteniéndose a un lado del camino, a la sombra de un haya solitaria.

—Yo no estoy cansado —dijo Lucas de inmediato.

—Pues yo me estoy muriendo —resopló Clara—. Necesito una pausa —concluyó tumbándose en el prado como lo haría sobre un colchón.

—Yo también necesito parar: tengo que quitarme las botas —dijo Bea. Esta vez las ampollas le dolían de verdad.

El chico parecía que era el único que no sentía el cansancio, ansioso como estaba por llegar a la meta. Pero había otra fuerza que lo impulsaba a subir, a seguir el camino con determinación. Una fuerza que le llegaba del ambiente alpino en el que se encontraba. También las montañas donde vivía lo invitaban a caminar, desde luego. Él era hijo de los Apeninos y los amaba profundamente. Amaba los tranquilos vertientes boscosos que rodeaban su pueblo y que, pese a ser muy accesibles para el hombre, ofrecían una vida silvestre cargada de emociones intensas. Saber que podía compartir su camino con los lobos o los grandes ciervos era para Lucas algo muy emocionante.

En más de una ocasión había oído el aullido de los lobos en verano, cuando se tumbaba en el jardín de detrás de su casa y se abandonaba a la brisa del atardecer. Ese canto antiguo y misterioso conseguía silenciar los demás sonidos de la noche, aunque solo fuera por un tiempo. En ese momento se sentía en absoluta comunión con la montaña: una capa de frío le acariciaba las mejillas mientras los perfumes y fragancias de la tierra se amplificaban con desmesura. Era entonces cuando se sentía más vivo y más feliz que nunca. Entre él y la naturaleza no había secretos, solo belleza, y la belleza era compartir.

Cuando supo que iría de viaje a los Alpes, pensó que se encontraría con un paisaje parecido a aquel en el que había crecido. Pero ahora se daba cuenta de que el arco alpino le estaba ofreciendo nuevas sensaciones, nuevos sonidos, nuevos aires. Y un extraño y sublime sentido de grandiosidad que nunca antes había experimentado en los Apeninos.

Tristán estaba sorprendido de la facilidad con la que Lucas había llegado hasta allí. Avanzaba por el sendero manteniendo el paso de Bea para que el pañuelo que sujetaba estuviera siempre en ligera tensión, pero sin que nunca supusiera una carga para la tía. Cuando había un giro en el camino, el tejido le transmitía el movimiento, y él hacía girar el cuerpo para seguirlo.

La que tenía dificultades para avanzar, más bien era Clara.

Mientras Bea y Tristán consultaban un mapa bajo un oasis de sombra, Lucas avanzó tanteando el terreno con el bastón de trekking y se sentó junto a la chica.

—Tengo las piernas agarrotadas —dijo ella masajeándoselas.

—¿No estás acostumbrada a caminar por la montaña? —le preguntó poniendo una mano en el suelo—. Con un abuelo que tiene un refugio…

—Sí, pero yo vivo en la ciudad. Solo vengo a verlo unos días, en verano, cuando termina el colegio.

«Pues sí que habla», pensó. Abrió la mochila.

—¿Tienes hambre? ¿Quieres un bocadillo?

—En realidad, lo que quiero es un teleférico… pero

aceptaré encantada un panecillo. Yo solo me he traído agua, qué tonta.

La caminata había hecho trizas su proverbial timidez. Una timidez que, en realidad, Clara manifestaba solo fuera de casa. Sus padres aún no comprendían cómo podía ser tan abierta en familia y en cambio tan cerrada con todos los demás. Los profesores les habían advertido varias veces que le costaba mucho hacer amigos en el colegio. Pero no le faltaban ganas de tener amigos nuevos, lo que le pasaba es que se sentía insegura fuera de casa.

—Tengo dos —dijo Lucas sacando los bocadillos, envueltos con dos capas de papel de aluminio—. Este es de jamón cocido, *provola* y champiñones; y este otro es de salami, queso y tomates secos en aceite.

Clara ni tan siquiera se lo pensó.

—Prefiero el de salami, gracias.

—Toma —dijo el chico tendiéndoselo.

A Clara se le escapó una ligera exclamación de sorpresa.

Lucas la estaba esperando.

—Quieres saber cómo puedo distinguirlos, ¿verdad?

—S...sí. De hecho, eso es justo lo que me estaba preguntando...

—¡Por el olor, claro!

Clara se acercó el bocadillo a la nariz. Solo a un centímetro de los orificios nasales consiguió reconocer el olor del salami que emanaba de un repliegue del aluminio.

—¿Y ayer con los azucarillos? —preguntó ella, más relajada.

Lucas sonrió.

—Los granos del azúcar de caña son ligeramente más grandes. Se nota perfectamente al tocarlos. ¿Te apetece un poco de té? —concluyó sacando un termo.

—Sí, gracias —dijo ella apartándose un mechón de pelo de la frente.

Él le llenó una taza de aluminio de excursionista. Vertió el té y se paró justo cuando la bebida llegó a un dedo del borde.

La chica no pudo reprimirse.

—¡Esta vez el olor no te ha ayudado para nada! O has tenido mucha suerte o eres un auténtico mago.

—Ah, ah, también aquí hay truco —respondió Lucas mientras, llenando otro vaso, llegaba justo al mismo nivel de antes—. Sé cuándo la taza está casi llena... por el peso.

Clara abrió mucho los ojos.

—Con un poco de práctica, también tú podrías hacerlo —añadió él todavía sonriendo.

—Sí, seguro. En casa siempre lo derramo todo. ¡Piensa que mi madre ha colgado un cartel en la puerta de la cocina con mi cara y la inscripción «prohibido el paso»!

—¿En serio?

—No... pero tarde o temprano lo hará —respondió Clara con la boca llena—. ¿Vas a menudo a la montaña con tu tía?

—Bastante, pero me gustaría ir aún más. Me gustan los animales. Especialmente los pájaros.

—Yo nunca he visto un nido de águila. Dios mío, en realidad creo que ni tan siquiera he visto un águila.

—Ayer escuchamos una —dijo Lucas hincando los dientes en su bocadillo—. Tiene un grito inconfundible.

Ella sonrió.

—Mi abuelo me ha dicho que sabes imitar los sonidos de los animales.

Lucas sacó pecho y se tragó un bocado de pan.

—Bueno, no se me da mal —replicó con falsa modestia. Luego se llevó dos dedos a los labios y acto seguido se oyó el canto de un grillo.

—¡Noooo, es increíble! —gritó ella—. Es clavado.

Bea y Tristán los miraron divertidos.

—Se están haciendo amigos —susurró ella—. Lucas es muy parlanchín. Sería capaz de entablar conversación hasta con un abeto.

—Se las apaña estupendamente, en la montaña —observó Tristán—. Perdona por lo de ayer, quizá te parecí poco entusiasmado con la idea de llevaros... no estaba preparado para estar con Lucas... no sabía muy bien cómo actuar.

Ella se encogió de hombros.

—Tranquilo, es normal. Lo desconocido siempre nos incomoda. A menudo pensamos que los que ven disfrutan del mundo que les rodea mientras que los ciegos viven en una dimensión llena de privaciones y soledad. Pero no es así, o por lo menos no lo es para la mayoría de ellos. —Lanzó una mirada a su sobrino, que se estaba comiendo el bocadillo mucho más despacio de lo que era habitual, tal vez algo lo estaba distrayendo. «O alguien», pensó Bea.

Empezó a hablar de nuevo con Tristán.

—Mira a Lucas: ha tenido que cambiar su forma de ser y de pensar, y continuamente tiene que estar inventando nuevas estratagemas para superar los obstáculos de una sociedad hecha a medida para los que ven. Pero son justamente experiencias de intercambio como las de hoy las que marcan la diferencia, ¿sabes? Esto es precisamente lo que necesita.

El guía asintió, con los ojos clavados en las montañas y los bosques. Cerró los ojos y suspiró profundamente.

Mientras tanto, los chicos continuaron hablando entre ellos. Lucas resultó ser un excelente interlocutor. A Clara le caía bien, incluso por aquel modo que tenía un poco infantil de exhibir sus habilidades. La curiosidad y la capacidad para escuchar que le mostraba la empujaron a abrirse. Acabó hablándole de sí misma como nunca antes lo había hecho con ninguno de los compañeros de su edad.

Además, los dos descubrieron que tenían muchas aficiones en común. En primer lugar, la lectura. A los dos les encantaban las historias del mago de Hogwarts —aunque esta no era una gran coincidencia—, pero también otros libros menos conocidos. Y luego estaban las películas, especialmente las de fantasía. Lucas se sabía de memoria varios fragmentos de *El señor de los anillos* y los recitó con gran habilidad. De repente, imitó la voz de Gollum: «Mi tesssoro… El nido de águila… ¿Dónde está el nido de águila?... Mi tesssoro». Y, mirando a Tristán: «Elfo malo… obliga a la pobre hobbit Clara a caminar cuesta arriba y bajo esta bola amarilla que quema…», siseó protegiéndose la cara de los rayos de sol con la palma de la mano abierta. Clara tenía lágrimas en los ojos de tanto reír.

Finalmente, tras más de media hora de pausa, Tristán dio la orden de ponerse en marcha.

—Aún no me has dicho por qué te gustan tanto las águilas… —dijo Clara reemprendiendo el camino.

—No sé, quizá porque a menudo se me aparecen en sueños —respondió el muchacho, serio.

Y al instante se sacó de la cabeza la pesadilla que siempre le atormentaba.

CAPÍTULO 7

El aterrador sonido metálico se acercaba. El aguilucho se había refugiado en el rincón más protegido de la cornisa rocosa. Era consciente del gran peligro que corría, pero no sabía qué hacer: ¿mandar una llamada de auxilio a sus padres o, como le decía el instinto, no desvelar su presencia? Aún esperaba que no lo vieran, que se alejaran. Que no lo estuvieran buscando a él.

El terror lo atenazó cuando una mano se agarró a la arista rocosa a pocos pasos del nido. Luego apareció una cabeza, y dos ojos se clavaron en los suyos.

Una sonrisa maliciosa cruzó el rostro sudado del furtivo.

—Ahí está nuestro pollito.

Pancho se subió al estrecho balcón natural ocupado en parte por el nido.

Roque alcanzó a su compañero en el saliente.

—¡Demonios! —soltó cuando vio al aguilucho—. Es más grande de lo que me esperaba.

—Este año han puesto antes —respondió Pancho sacando de la mochila un saco de yute.

—Ten cuidado —le advirtió Roque—. Me parece que este ya sabe volar.

—Déjamelo a mí —replicó Pancho poniendo un pie con cuidado en el borde del nido.

Desde el otro lado, el aguilucho los observaba con los ojos muy abiertos, llenos de miedo. Lanzó una primera llamada de ayuda.

—Cierra el pico, pajarraco, no queremos que mamá y papá se preocupen, ¿verdad? —susurró Pancho. Un paso más y se lanzó sobre el polluelo.

Cuando el aguilucho vio que el hombre se le tiraba encima, reaccionó por instinto. Buscó la única salida que le quedaba: el precipicio. Saltó y batió las alas intentando lanzarse al vacío.

Al otro lado de la montaña, Mistral y Levante seguían corrientes de aire caliente. Mientras surcaban las corrientes ascendentes de aire, las dos rapaces inspeccionaban las laderas que quedaban más abajo. Su vista era capaz de distinguir una marmota a más de un kilómetro de distancia.

Los vuelos nupciales eran ahora un recuerdo de la primavera, cuando la pareja había trazado elegantes trayectorias entre las nubes, haciendo acrobacias espectaculares como repetidos giros de la muerte, picados, intercambios aéreos de presas. Durante esos cortejos, la especialidad de Levante era el vuelo invertido: la hembra giraba sobre sí misma y planeaba de espaldas al suelo y de cara al cielo, mientras Mistral fingía que la atacaba desde lo alto. Esas piruetas habían servido para fortalecer el vínculo de la pareja, que duraría toda la vida.

El periodo de cortejo había culminado con el apareamiento. Luego los dos habían elegido uno de los varios nidos que, durante años, habían construido en su territorio. Después de arreglarlo con algunas ramas nuevas, Levante había puesto dos huevos. Por desgracia, uno se lo habían comido los cuervos durante alguno de los raros momentos de ausencia de los padres.

Ahora las acrobacias aéreas servían para lanzarse por entre rocas y barrancos a cazar presas para su polluelo. Mistral y Levante se separaron. El macho puso rumbo a las cumbres rocosas, mientras que la madre se dirigió hacia las praderas montañosas. El nido y los hombres que trepaban por el muro de su castillo se encontraban en la otra vertiente del pico del Diablo, fuera de su campo de visión.

Mistral planeó siguiendo una cresta. Divisó algo que saltaba de una roca a otra, un poco más abajo de la cima: un joven rebeco. Una presa difícil de capturar, pero no imposible. Los rebecos, grandes equilibristas, se movían con rapidez y desenvoltura por riscos y bordes de precipicios vertiginosos. Sin embargo, la experiencia le decía que, cuando se trataba de cazar a un rebeco, precisamente los barrancos podían convertirse en grandes aliados de las águilas. Años atrás Mistral había seguido a su padre, gran señor de los vientos, en una batida por esas mismas crestas. Lo había visto lanzarse en picado sobre un rebeco adulto con largos cuernos curvados. Una presa que estaba por encima de sus posibilidades, ya que nunca habría conseguido levantarla en vuelo, ni matarla con sus garras y picotazos. Pero el padre de Mistral no era un ingenuo. El rebeco, que de pronto se vio atacado, huyó presa del pánico. Una huida que lo había llevado al borde de un precipicio. Bastó con medio rasguño para romper el precario equilibrio del animal y hacerlo caer en el abismo. Después de una caída libre de unos doscientos metros, el rebeco se estrelló contra las rocas.

Con un descenso lento y tranquilo, Mistral y su padre bajaron hasta donde se encontraba la presa.

Ahora era Mistral quien tenía que cazar para su hijo, y ese pequeño que saltaba temerario por las rocas habría alimentado al aguilucho durante muchos días.

El rebeco, sin embargo, se dio cuenta de la presencia del águila y lanzó una llamada aguda. En cuestión de segundos la madre, que descansaba escondida entre las rocas, se plantó junto a su cría, con los cuernos curvados apuntando a la rapaz. Mistral viró, hizo un giro cerrado e intentó un nuevo ataque. El águila abrió las garras, pero una cornada desesperada de la madre del pequeño casi le fracturó un ala. Con una maniobra de acróbata del aire, Mistral descendió girando varias veces sobre sí mismo como en una montaña rusa y planeó de costado. Tras realizar un amplio giro volvió a la carga, pero ahora madre y cría se habían refugiado en un pequeño altiplano seguro, en medio de otros rebecos. El águila tuvo que aceptar la derrota. Volvió a ganar altura, en busca de una presa menos combativa.

Fue entonces cuando lo oyó.

Levante había apuntado a una colonia de marmotas. Sobrevoló la vertiente cubierta de hierba, desde lo alto del cielo, intentando no llamar la atención, pero fue descubierta por una centinela. Nada que la sorprendiera, se lo esperaba. Las marmotas nunca bajan la guardia e, incluso cuando la colonia está concentrada comiendo, siempre hay uno o dos ejemplares de guardia, atentos a los peligros que provienen de la tierra y el cielo.

La centinela advirtió de la presencia del águila con una serie de silbidos no muy seguidos. En el código de las marmotas significaba: «peligro a la vista, pero aún lejos». En ese momento Levante puso en marcha su ardid. Fingiendo no estar interesada, se alejó y desapareció tras un montículo. Las marmotas se relajaron un poco.

Después de rodear el promontorio rocoso, Levante giró con una hábil maniobra hacia la montaña. Descendió por los prados a una velocidad de vértigo, rozando hierba y piedras, igual que un avión de combate que vuela a ras de suelo para no ser detectado por los radares del enemigo. Una maniobra peligrosa, y aun así la única capaz de coger desprevenidas a las marmotas.

La centinela miró a su alrededor parpadeando rápido. Su sexto sentido le decía que algún peligro las acechaba. Y entonces volvió a ver el águila, un misil que se dirigía directo a sus compañeras. Lanzó una serie de silbidos muy seguidos: «¡Sálvese quien pueda!». Todas las marmotas, al menos una treintena, salieron disparadas hacia sus madrigueras. El águila, con un giro repentino a ras de hierba, viró hacia la centinela, que se había quedado en la roca para lanzar la alarma. Levante abrió las alas, extendió las garras hacia delante. La presa lanzó un último silbido desesperado y se arrojó a la madriguera. Mechones de pelo volaron por los aires y rápidamente se dispersaron.

Se le acababa de escapar.

Desolada por el fracaso, Levante se posó sobre una roca, como un náufrago exhausto en un mar de hierba. Tenía que recuperar fuerzas y pensar en el próximo movimiento. Miró hacia arriba: vio a su compañero alejándose de la montaña que tenía enfrente y recobrar altura.

Fue entonces cuando lo oyó.

CAPÍTULO 8

Pancho agarró la pata del aguilucho justo antes de que su salto desesperado lo arrojara al vacío. Se alzó un remolino de alas, volaron plumas y más plumas.

Mientras Roque gritaba exultante, Pancho renegaba, intentando que la pata que había quedado libre no lo rasgara. El polluelo chillaba desesperado.

—Ayúdame, ¡maldita sea!

Roque se quitó el jersey y con él envolvió a la joven águila, cogiéndole las alas y cubriéndole los ojos. Un picotazo en la mano le hizo soltar algunas palabrotas. Si aquel montón de plumas no hubiera valido miles de euros, ya le habría rebanado el pescuezo con la afilada hoz que llevaba en el cinturón.

Pancho se sacó del bolsillo un rollo de cinta adhesiva y, mientras su compañero sujetaba con firmeza la cabeza del aguilucho, envolvió el pico del animal con varias vueltas.

—Déjale libres los orificios nasales, no vaya a ser que te cargues la gallina de los huevos de oro.

—No soy idiota —le contestó el otro, molesto.

Cuando le hubieron atado las patas, metieron la cría en el saco de yute, sin muchas contemplaciones.

—Démonos prisa —dijo Roque volviéndose a poner el jersey y mirando el cielo con preocupación. En el cuero cabelludo tenía una cicatriz profunda. Años atrás, mientras saqueaba un nido de halcón lanario, los adultos se le habían echado encima. Las garras de mamá halcón le habían abierto una brecha justo por encima del nacimiento del pelo. No quería ni imaginarse el bonito recuerdo que podían dejarle las garras de un águila real.

Mistral y Levante oyeron la llamada desesperada del hijo resonar entre las paredes rocosas y se precipitaron hacia el nido.

La huida de los furtivos, sin embargo, fue muy rápida. Descendieron con largos saltos utilizando al mínimo los descensores, con los frenos mecánicos montados en la cuerda que permitían controlar la velocidad de la bajada.

Ya a una gran distancia, Levante se dio cuenta de que el nido estaba vacío. Luego vio, mucho más abajo, a los dos hombres que se escapaban. Plegó las alas y se lanzó en picado. Su agudo grito desgarró el aire.

Pero los furtivos ya habían puesto los pies en el suelo. Roque se giró hacia el atacante alado. Agachándose para evitar el impacto, le asestó un golpe con la hoz afilada de mango largo. La hoja alcanzó un ala de Levante y le cortó de cuajo dos plumas remeras. El águila aterrizó con dificultad en un pedregal que había al pie de la pared dando varias vueltas antes de pararse. Retomó el vuelo impulsándose enérgicamente con las patas pero, a causa de la mutilación, le costó recuperar altura y encontrar una posición estable.

Pancho se adentró en el bosque a grandes zancadas, seguido de cerca por Roque, que se protegía la cabeza con las manos. También Mistral se lanzó en picado sobre ellos. Demasiado tarde. La espesura del bosque envolvió a los dos ladrones. Las águilas ya no los podían atacar.

—¿Qué hacemos? —jadeó Pancho recobrando el aliento—. ¿Dejamos el material en la pared?

—Desde luego yo no vuelvo, con esos demonios volando sobre mi cabeza —gruñó Roque mirando las siluetas que revoloteaban a pocos metros de las copas de los árboles.

—¡Maldita sea! La cuerda y los descensores eran nuevos —resopló Pancho, observando furioso la pared a través de la espesura del bosque.

—Con el dinero que ganaremos con este polluelo te los podrás comprar de oro —bromeó su compañero mientras se volvía a meter la hoz en el cinto—. Ahora movámonos, antes de que estos pajarracos alerten a todos los guardas del mundo.

—Ánimo, ya casi hemos llegado. —Tristán se subió a una piedra cuadrada que había a un lado del sendero. Parecía una estatua en un pedestal. Los demás se habían quedado un poco más atrás.

La cara de cansada de Clara era todo un poema.

—Está visto que la montaña no es lo mío —jadeó secándose el sudor de la frente—. Lo siento, Lucas, creo que he puesto a prueba tu sensibilísima nariz, estoy sudando como un pollo.

—Los pollos no sudan —le hizo notar el muchacho.

—En una subida como esta sudarían hasta ellos, créeme.

—¿Estás seguro de que ya casi hemos llegado? —preguntó Bea inclinada hacia delante y con las manos en las rodillas.

—Este es el último giro del camino, os lo prometo —dijo Tristán señalando hacia delante con el dedo—. A partir de aquí el camino se ensancha y sigue llano hasta un bosque de alerces donde hay una especie de mirador cubierto de hierba desde el que se ve el nido. Ahí es donde vamos.

En ese momento, el grito de un águila resonó entre las montañas.

—¿Habéis oído eso? Mistral y Levante os están animando —bromeó el guía.

El chico sintió como un escalofrío le recorría el cuerpo: el mirador cubierto de hierba, el grito del águila... le resultaban terriblemente familiares. Ambos aparecían en su pesadilla recurrente. Sacudió la cabeza, no quería estropear el momento.

Reemprendieron la marcha. Bajo los pies de Lucas el sendero se hizo casi llano y, poco después, el pequeño grupo llegó al bosque de alerces. La sombra los recibió con una agradable brisa fresca.

—¿Cuándo podrá volar el aguilucho? —preguntó Clara, un poco más animada.

—No tardará mucho —respondió Tristán contando con los dedos de las manos—. Es cuestión de días.

Lucas suspiró.

—¿Ya le has puesto un nombre?

Tristán asintió.

—Sí, lo he llamado Céfiro. También él debe tener un nombre de viento. Y como aún es pequeño, este nombre de brisa me parece acertado.

En ese momento, un potente graznido se elevó de la cima de la montaña que tenían más arriba.

—Eso no es un águila —observó Bea.

—No, a menos que se haya tragado un sapo —respondió Tristán.

Clara y Lucas se rieron.

—Es un cuervo, tía.

—Un cuervo grande —añadió el guía mirando fijamente el cielo—. Es el córvido más grande y robusto. Y el peor enemigo de las águilas.

—¿De verdad?

—Sí. No sabes cuántos combates aéreos he visto.

—Naturalmente ganan las águilas —intervino Clara.

—A decir verdad, la mayoría de las veces es el águila la que se bate en retirada. Los cuervos son tipos duros y a menudo se alimentan de los huevos o los aguiluchos que aún están en el nido —explicó Tristán, que de repente se paró—. Por fin, ya hemos llegado. Ese prado que está en medio de los árboles tiene vistas al valle.

Lucas aceleró, nervioso. Pero tuvo que aminorar el paso para volver a dar al pañuelo la tensión justa. Cuando llegaron al mirador cubierto de hierba, el chico percibió la profundidad del valle que se abría más allá del precipicio.

El aire fresco le entró con fuerza por la nariz y le invadió los pulmones. La sensación de inmensidad fue arrolladora. Entreabrió los labios e inhaló una bocanada de aire, dejando que ese sentimiento de grandeza entrara también por la puerta principal. Ahora tenía la sensación de que cada papila de su lengua se había apoderado de los sabores de la tierra y del cielo. Lo saboreó todo con avidez. De los sublimes espacios ilimitados, un cosquilleo repentino lo hizo volver al hermoso prado donde se encontraban: las briznas de hierba, agitadas por una brisa traviesa, le acariciaban las pantorrillas desnudas.

—Ese es el pico del Diablo —anunció Tristán—. El nido está ahí —dijo señalándolo con el dedo.

—Es enorme —comentó Clara, muy sorprendida—. Se ve incluso desde aquí.

—Mide más de dos metros —contestó el guía abriendo la cremallera de un bolsillo lateral de la mochila.

—Utilizan ramas para construirlo, ¿verdad? —preguntó Lucas.

—Sí, igual que los gorriones utilizan briznas de hierba. Todo es proporcional, claro… —Tristán enmudeció de repente. Su rostro se ensombreció mientras examinaba el nido con los prismáticos.

—¿Qué pasa? —preguntó Bea.

—El aguilucho no está.

Clara avanzó un paso.

—¿Cómo que no está?

—Así ya se ha ido —se lamentó Lucas.

Tristán permaneció en silencio. Las lentes encuadraron la pared de roca. Una cuerda oscilaba ligeramente, movida por el viento.

—¡No! —gritó.

—¿Qué pasa? —La voz de Bea sonó asustada. Lucas le estrechó el brazo.

—¡Furtivos! —gruñó el guía—. Sabía que tarde o temprano llegarían a nuestras montañas.

—Cuéntanos qué sucede, Tristán —lo alentó Clara, ansiosa.

—Hay una cuerda que sube hasta el nido —susurró pasando los prismáticos a Bea, que estaba junto a él—. Unos escaladores han subido hasta el nido y se han llevado el polluelo.

—¿Y qué demonios harán con un águila? —preguntó Bea devolviéndole los prismáticos.

Los ojos del guía se estrecharon hasta convertirse en dos ranuras.

—Tráfico de rapaces. Cetreros sin escrúpulos que compran rapaces silvestres. Algo que está prohibidísimo y castigado por la ley —respondió seco. Luego cogió el móvil y llamó a un amigo suyo, un inspector de los agentes forestales. Le explicó rápidamente qué había pasado y luego colgó—. Seguro que se lo han llevado hace poco: ayer por la tarde un agente vino hasta aquí a controlar el nido, y el aguilucho aún estaba ahí.

Bea se llevó las manos a las caderas.

—¿Y ahora qué? ¿Serán capaces de capturarlos?

—Esperemos que sí. —Tristán apretó los dientes—. Ahora mismo pondrán un control en la carretera que da acceso al valle.

Lucas respiró profundamente. Sentía crecer una opresión en el pecho, atemorizado por el destino del aguilucho.

—No pensaba que pudiera haber gente así. —La voz de Bea sonó más dura—. ¡Delincuentes!

—Silencio —ordenó Lucas de repente.

Clara se asustó.

—¿Qué pasa?

—¡Chist!, ¿no lo oís?

—¿El qué?

—El grito de un águila. De hecho… me parece que son dos.

Los otros se miraron. A sus oídos solo llegaba el soplido del viento entre las agujas de los alerces y el canto de los pájaros que descansaban sobre sus ramas.

—No las oigo. ¿Estás seguro?

Lucas asintió.

—Sí.

—Regresemos al prado —sugirió Tristán.

Cuando salieron del bosque, el ruido de los árboles disminuyó.

En ese momento el guía también oyó algo.

—¡Tienes razón, son águilas! —dijo escudriñando el cielo a simple vista—. Pero están lejos. No consigo verlas.

—Yo también las oigo, ahora —intervino Clara—. Sus chillidos vienen de ahí —añadió señalando una montaña que había en dirección oeste.

—Sí, de aquel vertiente que queda ahí abajo —corroboró Tristán examinando las laderas de las montañas con los prismáticos.

Se volvieron a escuchar los gritos, aún más intensos.

Lucas giró lentamente la cabeza de un lado a otro. Luego, señaló con el dedo hacia un punto preciso.

—¡Están ahí!

Los otros lo miraron, sorprendidos. El chico señalaba en la dirección opuesta a donde estaban mirando ellos.

—Pero el grito no viene de ahí —objetó Clara, perpleja.

—No te dejes engañar por el eco —respondió Lucas, seguro de sí mismo.

—Espera, Lucas tiene razón —exclamó el guía apuntando los prismáticos en esa dirección—. ¡Están ahí! Descienden en picado y vuelven a subir. Vuelan en círculo sobre un espacio muy pequeño, por encima del bosque.

—¿Crees que están... persiguiendo a los furtivos? —preguntó Bea, indecisa, temiendo haber dicho una estupidez.

—Es muy probable. —Tristán continuó observando el vuelo de las águilas a través de los prismáticos—. No es la primera vez que atacan a quien se acerca a su nido. Estarán muy enfadadas. —Se rascó la barbilla—. Si los furtivos están recorriendo ese barranco, es que se dirigen al valle paralelo al nuestro. El camino es más largo, pero evitarán la carretera y el punto de control. Esperemos que no sea demasiado tarde para detenerlos.

Cogió el teléfono y volvió a marcar el número de su amigo forestal.

CAPÍTULO 9

El mundo desapareció.

Céfiro fue trasladado como un saco de patatas, con el pico precintado y las patas atadas, las alas comprimidas por el yute tenso, a hombros de Pancho. El tejido áspero le irritaba los ojos. Su vista aguda no le servía de nada dentro del horrible saco donde lo habían arrojado. El corazón le latía enloquecido.

¿Quiénes eran esas criaturas que habían osado asaltar la roca, desafiando la ira de las grandes águilas?

Mientras los furtivos bajaban por la pared, oyó por fin los chillidos agudos de sus padres. ¡Habían llegado! ¡Quizá conseguirían salvarlo! Nadie podía resistir la potencia devastadora de su picotazo, la fuerza destructora de sus garras.

«¿O tal vez no lo lograrían?»

Los dos saqueadores tocaron el suelo y se produjo un gran alboroto: el aguilucho oyó el grito de su madre, muy cerca de ellos. Luego, algo cayó entre las piedras.

Los furtivos echaron a correr, y se pararon poco después. Céfiro escuchaba asustado sus voces cavernosas. Los gritos de sus padres quedaban ahora amortiguados por las hojas de los árboles.

Por fin se pusieron en marcha. A cada paso, Céfiro rebotaba en la espalda de Pancho. Sentía el calor insoportable de aquel hombre, su hedor asfixiante. Los ojos del aguilucho se cerraron, aturdido por el susto, por los ruidos, por las voces humanas. Se le nubló la mente. Las fuerzas lo estaban abandonando, era evidente que su corazón no lo soportaría. Lo único que lo tenía atado a la vida era la voz de su madre, un delgado hilo de seda en medio de una tormenta. Céfiro se aferró a ese hilo para no hundirse.

Tras una interminable marcha por el bosque, Pancho y Roque llegaron a un punto en el que el camino se encaramaba hasta un collado estrecho.

Se detuvieron, sin aliento.

—¿Sigue vivo, el pollo? —preguntó Roque.

Pancho dio un pellizco al saco. El aguilucho se defendió con las patas.

—Él sí —dijo respirando con dificultad—. Pero si no descansamos un rato, seré yo el que moriré.

Roque no le hizo caso.

—Si hubiéramos dejado el coche en el pueblo, como te había dicho, ya habríamos llegado —insistió Pancho, mirando abatido la subida que lo esperaba. Bebió con avidez de la cantimplora.

Por encima de sus cabezas, más allá de las copas de los árboles, las águilas volaban en círculos, incansables, lanzando gritos penetrantes. Pero no fueron esos los únicos ruidos que los furtivos oyeron: un repiqueteo de pasos provenía del bosque a sus espaldas.

Se agacharon.

—Esperemos que solo sean turistas —siseó Pancho.

Al poco rato, a un centenar de metros de distancia, entre los árboles, divisaron unos uniformes: agentes forestales.

—¡Mierda! —susurró Roque—. ¡Vamos, vamos, vamos!

Los dos salieron a la velocidad del rayo en dirección al collado que les permitiría llegar al lugar donde habían aparcado el todoterreno.

Uno de los guardas los vio escapar entre los árboles.

—¡Alto! —les ordenó, y salió corriendo—. ¡Son ellos, seguidme, rápido! —gritó a los dos agentes que iban detrás de él.

Empezó la persecución. Los furtivos contaban con cierta ventaja, que con el paso de los minutos aumentó sensiblemente. Los agentes, de hecho, tenían que actuar con cautela, para prevenir posibles emboscadas de los ladrones y para controlar que ninguno de los dos abandonara el camino para esconderse en el bosque.

Pancho y Roque llegaron al paso, un sendero angosto encaramado a un desfiladero rocoso. Lo cruzaron.

—Escondámonos en un matorral —suplicó Pancho, exhausto—. Ya no puedo más.

—Vamos, no podemos rendirnos ahora. Desde aquí ya todo es bajada hasta el coche —respondió Roque sin parar de correr—. Dentro de nada este valle estará lleno de forestales. Tenemos que salir de aquí.

El sendero se ensanchó y dejó de ser tan empinado. Los dos entrevieron aliviados su coche aparcado al lado del camino, estaba igual como lo habían dejado el día antes: de cara al valle, listo para la fuga. Los últimos metros los hicieron volando. Roque se subió al coche, se sentó en el asiento del conductor y miró por el retrovisor. Nadie a la vista. Pero sus perseguidores estaban al caer.

—Date prisa, si cogen el número de matrícula estamos fritos.

Pancho abrió el maletero y tiró dentro el saco con el aguilucho. De repente, un ruido recorrió el valle. Un coche subía a toda velocidad por la pista.

—¡No! —exclamó Roque desesperado al reconocer de lejos la silueta y los colores de un todoterreno de los forestales.

Estaban atrapados.

Solo podían hacer una cosa, ni siquiera tuvieron necesidad de hablarlo. Pancho recuperó el saco de detrás del maletero y se adentró en el bosque dejando atrás la pista forestal. Caminó entre los árboles una veintena de metros, y luego lo tiró al suelo y sacó la hoz. Cortó el nudo y Céfiro quedó cegado por la luz del exterior. Una hoja fría le rozó el pico. Luego las patas. La cinta adhesiva saltó. Pancho le habría cortado incluso el cuello con ganas, furioso como estaba. Lo frenó la experiencia: deshacerse del cuerpo ahí y en tan poco tiempo era imposible.

Céfiro estaba aturdido. Sintió que lo cogían con fuerza y lo lanzaban al aire.

—¡Vuela, vete de aquí, pajarraco! —murmuró el furtivo. Le dolía en lo más profundo dejarlo en libertad después de todo el esfuerzo, pero tenía que deshacerse de él lo antes posible. Ahora era solo la prueba del delito.

Céfiro batió las alas y enseguida cayó rodando sobre las hojas secas.

Pancho corrió a su encuentro, cada vez más furioso. Estaba decidido a hacerlo volar aunque fuera a patadas.

El aguilucho recuperó el equilibrio, saltó hacia delante y tras unos aleteos descoordinados planeó entre los árboles hasta que logró llegar a un arbusto. Parecía un avión abatido. Miró a su alrededor, asustado y perdido. Aún era capaz de oír la llamada de sus padres, pero le llegaba de muy lejos.

—No irá mucho más allá, esta rapaz inútil. Esperemos que no la encuentren. —Pancho escupió en el suelo y volvió sobre sus pasos. Recogió el saco, lo dobló y se lo metió en la chaqueta. Finalmente salió del bosque, fingiendo indiferencia.

Justo en aquel momento, los alcanzaron los agentes forestales que los habían estado persiguiendo a pie. Sus rostros cansados no prometían nada bueno. Pancho se acercó al coche subiéndose la bragueta, como si justo hubiera acabado de hacer sus necesidades en el bosque. Roque, mientras tanto, fingía estar arreglando la mochila. Miró de reojo a Pancho. El otro le respondió con un gesto. Todo listo.

En ese preciso momento llegó también el todoterreno que habían visto subiendo por el valle. Del coche bajó el inspector amigo de Tristán.

—Buenos días, señores —saludó, tranquilo y resuelto—. Vuestro paseo por el campo termina aquí. Documentación, por favor.

—Perdone, agente, no lo entiendo —dijo Roque—. ¿Qué hemos hecho?

—Inspector —lo corrigió el oficial—. Dejémonos de teatro. ¿Dónde está el águila?

—¿Qué águila? —preguntó Roque—. Hemos ido a recoger setas.

—¿Se puede saber por qué habéis escapado, entonces? —intervino uno de los forestales, secándose la frente con una manga.

—¡Nosotros no nos hemos escapado! ¿Están seguros de que nos seguían a nosotros? —contestó Roque arrugando la frente de modo teatral.

El inspector se puso nervioso, pero apretó los puños para intentar mantener la calma. Un error en ese momento podría resultar fatal.

Los dos fugitivos no eran novatos, si se comportaban de ese modo era porque los agentes que los habían perseguido no les habían visto la cara.

—Registrad el coche —ordenó.

—¿Dónde está la orden? —protestó Roque, plantándose delante del maletero cerrado.

—No empeoréis las cosas —los amenazó el oficial avanzando un paso hacia ellos.

—Deja que hagan —intervino Pancho tirando de un brazo al compañero y alejándolo del todoterreno—. No tenemos nada que esconder —añadió abriendo él mismo el maletero.

Los agentes inspeccionaron todo el vehículo.

—Nada —dijeron al final, abatidos.

El inspector miró serio hacia los árboles.

—Tiene que estar por aquí cerca, pues. Buscad el águila en el bosque mientras yo me quedo aquí con los buscadores de setas. —Los miró fijamente a los ojos—. Espero por vuestro bien que no le hayáis hecho nada malo —gruñó con tono amenazante.

Céfiro intentó liberarse de las ramas del arbusto. Usó las últimas energías que le quedaban para lanzar una débil llamada, con la esperanza de que sus padres lo oyeran.

—¿Habéis oído? —gritó uno de los agentes que se habían adentrado en el bosque—. Viene de ahí abajo.

El forestal examinó con atención el arbusto hasta que lo vio. Se le acercó con cautela y, con la ayuda de un compañero, consiguió liberarlo de la madeja de ramas.

Céfiro estaba demasiado frágil para defenderse. Se dejó transportar, indefenso.

—Inspector, lo hemos encontrado —anunciaron exultantes los agentes saliendo del bosque—. Parece que está bien.

—Ah, perfecto —respondió él frotándose las manos.

Cuando vio el aguilucho, Pancho palideció.

Roque, en cambio, ni se inmutó.

—¡Vaya, habéis encontrado un águila en el bosque! —exclamó fingiendo estar sorprendido—. Debe de haberse caído de algún nido de por aquí —añadió alzando un brazo y protegiéndose los ojos del sol con la mano, como si buscara el nido sobre las cimas circundantes.

«Ya los tengo en el bote», pensó sonriendo con suficiencia. «No tienen pruebas contra nosotros.»

Incluso Pancho se reía por lo bajo. Estaba impresionado por la rapidez de su compañero.

—¿Así… usted afirma que el aguilucho se ha caído de un nido de los alrededores? —preguntó tranquilo el inspector, acercándose a Roque y observando con interés su brazo. Estiró una mano y agarró con dos dedos un mechón sospechoso que salía de la manga de su jersey. El mismo jersey con el que Roque había envuelto a Céfiro en el nido.

Tiró de él.

Del suéter de lana salió una pluma de águila.

La agitó delante de los ojos de los furtivos.

—Algo me dice que vosotros dos os habéis caído del mismo nido —dijo satisfecho.

CAPÍTULO 10

Era bien entrada la tarde cuando el grupo guiado por Tristán volvió al refugio.

El abuelo de Clara los estaba esperando fuera, a la sombra del tejado inclinado, sentado sobre un tocón de abeto. Le gustaba acurrucarse allí, con la espalda apoyada en la pared de piedra: al atardecer el aire se volvía fresco y la rugosa roca del refugio, calentada por el sol durante todo el día, devolvía a sus viejos huesos una agradable calidez. Cuando Héctor vio a su nieta corriendo a su encuentro, en su rostro apareció una sonrisa teñida de amargura.

—¡No te puedes ni imaginar lo que ha ocurrido! —exclamó Clara.

—Por desgracia, ya me he enterado, cariño. Aquí en

la montaña las noticias corren a la velocidad del viento —respondió cerrando el libro que tenía en la mano—. Me sabe tan mal por el aguilucho, espero que encuentren a esos delincuentes.

—¡Así no lo sabes todo! —exclamó la chica, anticipándose al placer que sentiría al darle la buena noticia. Le sonrió alzando los puños en señal de victoria—. ¡Los han atrapado!

—Y también han recuperado a Céfiro —añadió Lucas, que había soltado el pañuelo de su tía y ahora estaba al lado de Clara—. Quiero decir, al aguilucho que tenían cautivo.

Héctor se levantó y miró a Tristán, algunos pasos por detrás de los chicos, que asintió.

—Sí, me acaba de llamar mi amigo inspector. Han detenido a dos furtivos, dos escaladores —confirmó el guía quitándose la mochila y dejándola en el suelo—. De no ser por Lucas, se habrían salido con la suya.

Héctor abrió los ojos de par en par.

—¿De verdad?

—No he hecho nada... —le restó importancia el chico bajando un poco la cabeza.

—¿Nada? —repitió Clara con las manos en las caderas—. Abuelo, ha identificado dónde estaban las águilas que perseguían a los furtivos, usando solo sus oídos.

—Así pues, es verdad lo que dice tu tía: ¡tienes superpoderes!

Lucas enderezó la espalda, orgulloso.

—Creo que lo he entendido, os merecéis una doble ración de pastel —dijo Héctor—. Vamos adentro, quiero que me expliquéis toda la historia.

Durante la siguiente media hora, el amplio salón del refugio resonó con las voces de Clara y de Lucas. Los dos, sentados en torno a una mesa, entre bocados de pastel y sorbos de leche, contaron a Héctor con todo lujo de detalles la aventura que acababan de vivir. Él los escuchó atento, dejando escapar alguna sonrisa cargada de ternura. Nunca había visto a su nieta tan emocionada y locuaz.

Tristán recibió otra llamada del cuartel de agentes forestales y estuvo al teléfono un rato, fuera del refugio.

—Era mi amigo otra vez —anunció a los demás al entrar—. Han descubierto que a los dos los buscan por un intento de caza furtiva en Sicilia. Los han puesto contra las cuerdas y... parece que quieren colaborar —dijo en voz baja—. Pero es *top secret*, no digáis ni una palabra a nadie.

—¿Y cómo pueden colaborar? —preguntó Bea, con la espalda apoyada en la viga de la chimenea.

—Darán los nombres de los que ordenaron la captura

del águila, a cambio de una reducción de la condena —les explicó Tristán sirviéndose un poco de té y ofreciendo una taza también a Bea—. ¡Tal vez así se consiga acabar con este maldito tráfico de rapaces! No tenéis ni idea de cuántos nidos se saquean cada año. Un daño incalculable, que a menudo afecta a especies en vías de extinción. Cuanto más rara es la especie, más alto es el precio.

Lucas apoyó los brazos sobre la mesa.

—¿Y Céfiro? ¿Qué será de él?

—Sí, ¿dónde está ahora? —le hizo de eco Clara.

—Lo han bajado al veterinario del pueblo. Por suerte está bien. Han decidido liberarlo mañana mismo.

—¡Sí! —gritaron exultantes los chicos al unísono.

—¡Qué maravilla! —exclamó Bea aliviada—. Pero… ¿cómo lo harán para liberarlo? Aún no sabe volar, ¿no es cierto?

—De hecho, lo devolverán al nido, bueno, en realidad tendría que decir… lo *devolveré* —añadió el hombre masajeándose el cuello—. Me han pedido que acompañe a un agente a la pared y que suba hasta la cornisa.

Tristán era un excelente escalador y a menudo los forestales le pedían ayuda cuando había alguna *misión vertical*.

—¡Cómo me gustaría estar ahí! —suspiró Lucas enfurruñado mientras tamborileaba con los dedos sobre la mesa.

—¿Nos llevarás contigo? —le rogó Clara.

—No, chicos, me sabe mal —contestó Tristán categórico—. Esta vez es imposible. Mañana a primera hora subiremos por un camino muy accidentado hasta el pie del pico del Diablo. El mismo sendero que han utilizado los furtivos. Es un camino difícil incluso para un alpinista experto.

Los dos chicos enmudecieron, desilusionados.

El guía los miró afligido. Le sabía mal acabar así con su entusiasmo. Luego tuvo una idea.

—Aunque si os apetece, podríais mirar cómo libero al águila desde el punto en el que hemos estado hoy.

—¡Sí! —estallaron los dos.

—Lucas, ¿pero yo cómo lo hago con el trabajo? —intervino Bea dando un paso hacia él—. Mañana por la mañana tenemos que volver a casa...

—¡Te lo ruego, tía, por favor!

Ella se lo pensó un momento, apretando la taza que tenía entre las manos. Suspiró.

—De acuerdo, me tomaré otro día libre... ¡pero tendré que inventarme una buena excusa para mi jefe! Y no creo que ver cómo liberan un águila sea una opción...

En la cara de Lucas se dibujó una inmensa sonrisa.

—¡Gracias, tía, eres genial!

—¿A qué hora vas a subir al pico? —preguntó Héctor a Tristán.

—Pues... mmm, sobre las once debería estar en la pared para empezar a escalar. Pienso que voy a utilizar los anclajes que han dejado los furtivos. Eso me facilitará las cosas.

—Entonces, a las once en punto estaremos en el bosque de alerces —prometió Lucas.

—Pobres pies —se lamentó Bea sonriendo.

—¡Venga, tía, tienes toda la tarde y la noche para que se recuperen!

En el refugio, el resto de la tarde transcurrió alegremente.

Lucas y Clara se instalaron en una mesita que había en un rincón del salón, para charlar sin interrupciones. El muchacho mostró su smartphone a su amiga y a ella le fascinó ver el montón de aplicaciones que tenía y que le permitían hacer cualquier cosa gracias a los comandos de voz y a la voz sintetizada que leía todo lo que abría en la pantalla.

—Voy a ponerte una cosa que grabé con Tito —dijo Lucas. Del pequeño altavoz del móvil empezó a salir un ritmo compacto de golpes de bombo y notas de bajo. Una voz rapeó por encima de la base.

—Es Tito el que canta —aclaró el muchacho—. Yo he insertado la base, y hemos escrito juntos el texto.

Clara levantó una ceja y torció la boca. Por primera vez se alegró de que Lucas no pudiera ver su expresión. Pero el chico intuyó igualmente que su amiga no estaba muy entusiasmada con su rap.

—¿No te gusta? Me lo puedes decir, ¿eh?, que no me ofendo.

—No, es que... es el género. No soy mucho de rap, prefiero el rock.

—¿El rock? —repitió Lucas dejando caer exageradamente los brazos sobre el banco—. ¡Pero si es música de viejos!

—¿Qué dices? ¿Has escuchado a los Foo Fighters?

—¡Puaj!

—¿Y a Green Day? ¿Cómo es posible que no te gusten los Green Day? —protestó Clara apretando los brazos sobre el pecho.

—Venga ya... y además esos: ¡están acabados! —exclamó Lucas—. ¿Quieres compararlos con Eminem o Jay-Z?

Ella sacudió la cabeza, horrorizada.

—Mejor que cambiemos de tema: por lo que se refiere a la música, vivimos en dos mundos totalmente diferentes.

Así es como empezaron a jugar a la escoba, una partida tras otra, usando la baraja de cartas de Lucas. El muchacho intentó enseñarle cómo reconocer las diferentes cartas tocando los puntitos del alfabeto braille que había estampados en las esquinas.

Después de varios intentos con los ojos cerrados, se dio por vencida.

—Es imposible.

—La palabra imposible no está en mi vocabulario —dijo el chico fanfarroneando en tono de broma—. Y tampoco debería estar en el tuyo.

Clara lo miró y sonrió. Imposible... de hecho, solo unas pocas horas antes le habría parecido *imposible* sentirse tan a gusto con un chico al que casi no conocía.

Además, recordaba la sensación de incomodidad que había experimentado durante su primer encuentro. En ese momento había creído que era por miedo a decir algo inapropiado. Pero ahora, mientras lo miraba, lo entendió. No era por la discapacidad de Lucas. Por primera vez no podía contar con la imagen con la que se presentaba frente a los otros: el aspecto físico, el lenguaje corporal, una expresión de la cara. Con Lucas se tenía que comunicar de otro modo. Pero el desconcierto inicial se había convertido en algo distinto. Porque, aunque ella le había respondido con monosílabos, hasta el punto de ser casi grosera, él no se había dado por vencido. Había sabido esperar, dándole tiempo y ofreciéndole la oportunidad de abrirse y mostrar el carácter juguetón y campechano que, por lo general, solo conocían algunos.

A Clara la consideraban una de las chicas más atractivas del instituto. Era tan guapa y altiva que sus compañeras estaban convencidas de que se sentía superior. Los chicos la miraban con recelo, como a un objeto misterioso e inalcanzable. Y sin embargo, detrás de ese halo de frialdad, había un alma insegura y delicada en busca de una amistad sincera. Lástima que, hasta ese momento, nadie lo hubiera entendido. Nadie excepto Lucas.

Con él era distinto. Era como si precisamente ese muchacho ciego, al que ni tan siquiera hacía un día que conocía, fuera capaz de ver su alma mejor que los amigos que frecuentaba desde hacía años. Eso la asustaba un poco, la hacía sentir desnuda. Pero también comprendida, por fin.

Se despidieron con el fuego crepitando en la gran chimenea de piedra y el cielo ya medio nublado. Luego comenzó a soplar el viento. Llegó la noche y trajo tormenta. Llovió a mares durante muchas horas y las ráfagas de viento hicieron crujir los postigos de las ventanas.

Lucas daba vueltas en la cama y tuvo un sueño agitado. Y no por culpa de la furia del temporal que llenaba de relámpagos las cumbres alrededor del Cien Pasos. Y mucho menos por su habitual pesadilla. Era por la idea de que a la mañana siguiente la Operación Céfiro se pudiera aplazar. Su tía tenía que volver al trabajo, lo sabía muy bien. Pero él quería estar ahí. Quería asegurarse de que el aguilucho estaba a salvo, en su nido, listo para poco a poco aprender a desplegar las alas y volar.

CAPÍTULO 11

El día despertó perfumado y fresco como una sábana tendida al sol.

Poco antes del alba, Tristán saludó a Héctor. Los agentes forestales lo esperaban en el pueblo con el aguilucho. Para él, el día iba a ser largo: le aguardaban la bajada al valle, una dura caminata hasta el pico del Diablo y, al final, la escalada para alcanzar el nido.

—Ten cuidado —le aconsejó Héctor en el umbral de la puerta de entrada—. A ellos los dejaré dormir un rato más.

—Sí, haces bien. Pueden salir hacia las ocho —consideró el guía mirando el reloj que llevaba en la muñeca—. Si no se paran mucho a descansar, llegarán al mirador con tiempo de sobra.

Luego sacó los prismáticos de la mochila.

—Dáselos a los chicos, hoy les van a servir más a ellos.

A las siete y media, Lucas estaba listo con la mochila al hombro y ansioso por salir. Clara, en cambio, bajó a desayunar aún en pijama, moviéndose como una sonámbula.

—¿Has oído qué truenos esta noche? No he pegado ojo —se justificó sorbiendo una taza de leche caliente.

—Yo tampoco, pero tenemos que darnos prisa —protestó el chico—. De lo contrario, vamos a llegar cuando Tristán ya haya liberado a Céfiro.

Clara se puso una cucharadita de azúcar.

—Qué ilusión ver lo contentos que se van a poner Levante y Mistral cuando encuentren a su pequeño.

—Ya, pues no lo vas a ver nunca, si continúas remoloneando —la apremió él.

—Ya va, ya va, ahora mismo voy a la habitación a cambiarme, solo tardo un minuto.

El minuto de Clara a Lucas se le hizo eterno, hasta que ya no pudo más y subió al piso de arriba. Llamó enérgicamente a su puerta.

—¡Ya voy! —dijo saliendo con la mochila—. ¿Pero de dónde sacas tú tanta energía?

Al final, dejaron el refugio con un poco de retraso

con respecto al programa, para disgusto de Lucas, que cada vez estaba más inquieto. Además, la subida fue más lenta que el día anterior: no estaba Tristán para marcar el ritmo y las ampollas de Bea, a pesar de los parches, pronto empezaron a hacerle daño.

—¿Qué hora es? —continuaba preguntando el muchacho como un disco rayado.

—Vamos según lo previsto —repetía su tía, paciente.

Pero el tiempo corría y ellos no. Si hubiera podido, habría transformado el pañuelo de su tía en un látigo. Clara los seguía en silencio, distraída con algún pensamiento. Después de más de dos horas, llegaron a la piedra cuadrada donde se habían parado el día anterior.

—Yo ya no puedo más —se lamentó Bea dejándose caer sobre la roca—. Tengo los pies hechos trizas, chicos. He de quitarme las botas y descansar.

—Pero ¿cómo? —exclamó Lucas. Con las manos palpó la piedra sobre la que se había apoyado su tía—. Ya casi hemos llegado, reconozco esta roca. Unos metros más allá el camino se vuelve llano. El bosque de alerces está ahí abajo —dijo señalando un punto impreciso frente a él.

Incluso Clara se sentó y se masajeó las pantorrillas.

Bea se quitó el pañuelo. Le dolían los talones, y dos ampollas habían manchado de sangre los calcetines.

—Caray, los tienes fatal —observó la chica.

—Lucas y yo tuvimos la pésima idea de comprarnos botas nuevas antes de venir aquí —suspiró Bea—. ¿Cómo van tus pies?

—Muy bien —contestó el sobrino enfurruñado. Claro que le dolían los pies, pero estaban a un paso del objetivo y no quería ni oír hablar de renunciar a llegar.

—¿Por qué no vais tú y Clara? —propuso la tía de repente—. Yo os espero aquí.

Él se quedó desconcertado. No hubiera aceptado nunca la ayuda de una chica.

—¿Te ves capaz de seguir con Lucas? —le preguntó Bea.

Clara asintió.

—Sí, por mí, no hay problema —añadió para hacer llegar el mensaje también a su amigo.

—¿Y a ti qué te parece, Lucas?

—Bien —respondió intentando sonar convincente.

—Perfecto, arreglado. —Bea se levantó dolorida y se desató el pañuelo de seda de la cintura para pasárselo a Clara.

El chico sintió el frufrú del tejido y enseguida captó lo que estaba haciendo su tía.

—No hace falta —dijo con sequedad. Extrajo de la mochila el otro bastón de excursionista y lo alargó con un gesto decidido y visiblemente molesto—. Puedo seguir a Clara por el sendero.

Bea suspiró e intercambió una mirada con la chica. «Eres un cabezota», pensó. Pero no lo dijo. Sabía que la situación ya era lo bastante difícil para él.

—Está bien —contestó al final. Cuando los vio avanzar juntos, pensó en qué habría dicho su hermano si lo hubiese sabido. De ahí en adelante el camino no era peligroso, pero la responsabilidad de Lucas era suya. De repente estuvo tentada de detenerlo… pero una voz le decía que tenía que dejarlo marchar.

—Ten cuidado —gritó mirando el reloj que llevaba en la muñeca—. Aún queda media hora para las once, podéis ir tranquilos.

CAPÍTULO 12

Tristán y el forestal subieron por el mismo camino que habían recorrido Pancho y Roque la mañana anterior. El agente transportaba el aguilucho, envuelto en una suave tela dentro de un transportín para gatos de tamaño extragrande. La rapaz llevaba la cabeza cubierta con una caperuza de cetrería, que servía para que estuviera tranquila. Los dos intentaron proceder con cautela, para ahorrar al pequeño sobresaltos innecesarios.

Finalmente, llegaron a la pared de roca, al pie del nido. Tristán tocó la superficie de piedra caliza. La cuerda de los furtivos aún estaba ahí, invitándole a subir. El guía alpino la agarró y le dio dos tirones.

—¿Te fías? —preguntó el agente, detrás de él.

—Esos dos serán unos canallas, pero en la roca saben lo que se hacen. —Tristán se quitó la mochila—. Entonces hacemos lo que habíamos dicho, ¿no? Cuando llegue arriba, te lanzo un cordino para subir el polluelo.

El agente asintió. Se sentía aliviado de no tener que trepar por aquella espantosa pared vertical.

Después de atarse a la cintura la madeja de cordino de nilón, Tristán empezó a escalar. El cielo sobre su cabeza lucía limpio por el viento y raso por el sol.

El agente se inclinó sobre el transportín, abrió la portezuela y posó una mano sobre la cría de águila. Céfiro respiraba de manera regular.

Clara caminaba lentamente, tarareando. Sabía que para Lucas su voz era como una brújula luminosa en un mar de oscuridad. Ya le había preguntado si quería agarrarse a su mochila, para poder avanzar más deprisa, pero él le había dicho que no, lleno de orgullo. Por eso, cada dos por tres, ella se giraba y avanzaba un rato de espaldas, preocupada por si su compañero se caía.

—No hace falta que camines como los cangrejos —le dijo—. Y si quieres podemos apretar el paso, yo no tengo ningún problema.

Clara encajó el golpe. El mensaje le había llegado alto

y claro, así que se limitó a dar indicaciones secas a Lucas como: «Piedra a la derecha», «pequeño hoyo a la izquierda», «rama baja».

Finalmente llegaron al bosque de alerces y se adentraron en él entre las sombras de los árboles.

De pronto, se encontraron con una sorpresa desagradable.

—¡No puede ser! —exclamó la chica, plantándose sobre sus dos pies—. Y ahora, ¿qué?

Lucas acabó encima de ella.

—¿Qué ocurre?

Por la noche, la tormenta había derribado un viejo alerce. El árbol inmenso, arrancado de cuajo, había provocado un desprendimiento de tierra y roca que había bloqueado el camino. Por completo.

Clara se había detenido justo delante de un montículo de tierra y piedras que había quedado sobre el alerce caído, puesto de través en medio del camino. Parecía una enorme barra para prohibir el paso. Suspirando, describió con precisión lo que veía.

—Habrá algún modo de pasar, ¿no? —dijo Lucas, preocupado.

—Por arriba es imposible, solo hay roca... y es demasiado empinado —valoró ella mirando alrededor—. Pero si bajamos un poco hacia el valle hay un paso...

aunque, mmm, me parece peligroso: está cerca del precipicio.

—Vayamos por ahí —dijo Lucas sin dudarlo.

La chica se lo quedó mirando fijamente.

—¿Estás seguro?

—Sí.

—De acuerdo, pero dame la mano.

Lucas se quedó inmóvil.

—No es necesario, solo tengo que encontrar el tronco y seguirlo —dijo tanteando el aire a su alrededor con el bastón.

—Cuidado con este trasto —se quejó Clara esquivando por un pelo la punta de aluminio.

Lucas avanzó, subió con dificultad una parte del montón de tierra y encontró las ramas del alerce caído. Luego se movió a lo largo del tronco, hacia el valle. Pero las ramas rotas se le enredaron en la ropa y le arañaron la piel.

El escozor de los arañazos lo trasladó directamente a su pesadilla. Tenía la misma sensación que cuando aquellas ramas espinosas invisibles intentaban atraparlo y hacerlo tropezar. Por un instante tuvo la tentación de girarse, como si detrás de él de un momento a otro estuviera a punto de aparecer aquel chico, *el otro*. Apretó los labios y todo desapareció.

Clara lo siguió, sin saber muy bien qué hacer. La obstinación de su amigo la había cogido desprevenida.

—Cuidado, tienes una roca justo a tus pies —lo avisó, alarmada.

Demasiado tarde. Lucas se cayó de bruces e hizo una mueca de dolor.

—No ha sido nada —dijo masajeándose la espinilla.

—¡Un rábano no ha sido nada! —resopló ella mirando hacia atrás. «Podría llamar a Bea», pensó, pero la voz de su amigo le impidió tomar la decisión.

—Cálmate, ¡no me he hecho nada! —gritó. Pero justo en aquel momento dio un paso en falso y resbaló, cayó pesadamente al suelo y se dio un golpe en la rabadilla.

Clara pegó un grito.

—Todavía estoy entero —la tranquilizó Lucas, buscando con la mano el bastón que había perdido. El corazón le latía con fuerza. Definitivamente estaba asustado.

Ella corrió a recogerle el bastón y se lo puso en la mano. Luego se plantó delante de él, agarrándose con una mano a una rama del alerce caído. El precipicio se abría a pocos metros de donde estaban y el paso libre se encontraba detrás de la chica.

Miró a su amigo muy enfadada.

—Escúchame bien. ¡Ahora sí que me estoy hartando!

—exclamó esforzándose para expresar con la voz la rabia que tenía en los ojos.

El muchacho no dijo nada, su tono lo había sorprendido.

—Deja que te diga algo, aunque no te guste —dijo Clara llevándose las manos a las caderas—. Ya sé que quieres hacerlo todo tú solo, y de verdad que es admirable… pero nadie te lo está pidiendo.

—No me gusta depender de los demás —se defendió Lucas—. ¿Tan difícil es entenderlo?

—Pero *todos* dependemos de los demás, por una cosa o por otra.

Él agachó la cabeza.

—Sí, pero tú no sabes lo que es tener que estar pidiendo siempre…

—¿Siempre? —contestó la chica con ironía—. Yo en dos días no te he oído *nunca* pedir ayuda a nadie. *Nunca*. Y ahora estamos aquí discutiendo sobre tu dura cabeza y nos vamos a perder la liberación de Céfiro. ¿Crees que vale la pena?

Lucas sonrió amargamente.

—Tú puedes ver. No sabes lo que significa tener una… una limitación como esta. —Le costó trabajo pronunciar esa frase, mucho. Se tragó el nudo que tenía en la garganta.

—Ya, pues, ¿sabes qué? Tu limitación por lo menos tiene un nombre. Has aprendido a conocerla y a superarla. Yo, en cambio, no sé cómo se llama mi limitación. —Se le llenaron los ojos de lágrimas.

Lucas abrió la boca y volvió a cerrarla.

—Siempre me siento fuera de lugar. En la escuela no abro la boca por miedo a no sé muy bien qué, y mis compañeros piensan que soy una imbécil engreída... —Le tembló la voz—. Contigo, en cambio... —No consiguió terminar la frase y se echó a llorar.

El muchacho se quedó desconcertado. Los sollozos de Clara, en el silencio del bosque, tenían algo de liberador incluso para él. Ese llanto, que se veía magnificado por la reverberación que provocaban las rocas y los árboles, parecía llegar de un lugar lejano, profundo, de las entrañas de la tierra. De las entrañas de dos corazones. Lucas reconoció el mismo dolor silenciado que había conservado durante tanto tiempo en los recovecos de sus propios sentimientos. Ella estaba dando voz a aquello que él no había tenido el valor de escuchar.

Se quedó callado, con la cabeza un poco gacha. Esperó a que los sollozos disminuyeran.

Luego, se metió una mano en el bolsillo.

—¿Quieres un caramelo de tofe? —dijo intentando hacerla sonreír. Lo consiguió.

—¿Te crees que me vas a comprar con tan poco? —contestó ella secándose los ojos con la manga.

Lentamente, Lucas plegó uno de los bastones telescópicos y se lo ató al cinturón.

Luego, alargó una mano a Clara.

Los dedos le temblaban.

Nuevas lágrimas de ternura bañaron el rostro de la chica.

Ninguno de los dos dijo nada. Ella le cogió dulcemente la mano y lo guio por el estrecho paso que se abría entre los árboles caídos y el precipicio.

Más allá del obstáculo.

CAPÍTULO 13

Tristán llegó al nido. Desde ahí lanzó el largo cordino al agente que esperaba abajo, al pie de la pared, y empezó a izar a Céfiro. Cuando ya casi estaba arriba, el aguilucho comenzó a temblar y a agitarse. Percibía el olor de su casa.

Tristán paró un segundo para secarse el sudor de la frente.

—Ya casi estás —gritó el agente que estaba al pie de la pared, protegiéndose con la mano los ojos del sol.

En ese preciso instante, por la otra vertiente del estrecho valle, los chicos se asomaron al balcón cubierto de hierba.

—Demasiado tarde, ¿verdad? —preguntó Lucas. Su mano aún estrechaba la de Clara.

—Ahí está Tristán —dijo la chica exultante—. Voy a coger los prismáticos.

—¿Ya ha llegado al nido?

—Sí, pero Céfiro aún no. Lo está subiendo justo ahora.

—¡Bien! —se alegró Lucas—. Hemos llegado a tiempo… —Se quitó la mochila y se sentó sobre la hierba—. ¿Qué pasa?

—Pues… —Clara enfocó con los prismáticos, pero la imagen en el interior de las lentes temblaba demasiado—. Ejem… ¿te importa si te uso como trípode?

—¿Cómo?

—Es que si no, no veo nada. —Clara se arrodilló detrás de su amigo y le apoyó los prismáticos en la cabeza.

—Esta me la… —mascculló Lucas fingiendo estar enfadado.

—No te quejes —lo reprendió ella en broma—. Y no te muevas. Y si puedes, no respires.

El muchacho sonrió. «Es una pena que tus compañeros no te conozcan de verdad», le dijo en pensamientos. La respiración suave de Clara le secó el sudor del cuello.

—Así está mejor —comentó ella encuadrando el nido—. Queridos radioyentes —dijo a continuación con voz nasal—. Ahí tenemos a nuestro superguía Tristán preparándose para liberar a Céfiro, el aguilucho rescatado de manos de unos cazadores furtivos gracias a dos muchachos valientes.

Lucas se echó a reír.

—Se ruega al amable radioyente que está aquí abajo que se contenga, que si no se mueve todo. —Cogió aire—. Como estaba diciendo, ahí está Tristán abriendo la cajita... extrae el aguilucho, o mejor dicho, una especie de arrullo en el que debería estar el polluelo... y ahí está finalmente Céfiro, saliendo como una momia de entre las vendas. Parece que lleva una caperuza en la cabeza. Tristán está avanzando por la cornisa, ahora entra en el nido y deja la cría.

Lucas contuvo la respiración.

—¡Ya no lleva la caperuza! —anunció Clara.

El guía extrajo la cría de águila del transportín y la liberó de la tela que lo envolvía. Céfiro estiró instintivamente las patas y arañó el aire. Por poco no rasguñó el tobillo de Tristán, que respiró profundamente. Tenía que concentrarse. O corría el riesgo de arruinarlo todo justo al final.

Se levantó y dio dos pasos en dirección al nido, por el saliente rocoso. Luego, teniendo a Céfiro bien agarrado, comprobó la solidez del nido con un pie. Los grandes troncos entrelazados apenas se movieron. Tristán estaba impresionado de lo que habían logrado hacer las águilas: encontrar las ramas justas, transportarlas hasta ahí y colocarlas para construir aquel robusto barreño de leña, a prueba de tormentas. Una auténtica obra de ingeniería. Puso ambos pies en el nido y dejó el aguilucho en el suelo. Luego retrocedió un poco para ponerse a una distancia segura. Por último, se estiró hacia Céfiro, le quitó la caperuza y se echó atrás al instante para evitar un picotazo.

Hicieron falta unos segundos para que Céfiro comprendiera qué estaba pasando. El guía se alejó por la cornisa, moviéndose despacio para no asustarlo.

Céfiro se movió en dirección contraria y se pegó a la roca.

—Ya está —dijo Tristán soltando un suspiro de alivio—. No sé si los chicos… —Miró hacia el bosque de alerces que había al otro lado del valle y agitó los brazos.

—¡Nos está saludando! —gritó Clara—. Holaaaa.

Los dos muchachos empezaron a saludar con los brazos.

—Qué mono, se ha acordado de nosotros. —Ella tenía los ojos fijos en los prismáticos—. Ahora Tristán empieza a bajar. ¿Qué te parece si nosotros también vamos tirando? Tu tía se habrá derretido como un helado.

—Un minuto más. Esperemos a que llegue abajo.

Se quedaron en silencio mientras Tristán, usando con destreza los descensores, bajaba al suelo. De repente, unos gritos afilados recorrieron el cielo.

El chico se asustó.

—¡Las águilas!

Clara examinó el valle a simple vista.

—¿Las ves? —le preguntó impaciente.

—Sí, ahí están. Son Mistral y Levante. Qué bonito, no me puedo ni imaginar lo felices que estarán cuando vean a Céfiro... —Pero su sonrisa se apagó justo después de pronunciar la frase.

Algo no iba bien.

Tristán había llegado a la mitad de la pared cuando el freno mecánico se atascó.

—Ya me parecía a mí que todo iba demasiado bien —dijo colgando en el vacío.

—¿Qué pasa? —preguntó el agente desde el suelo.

—Se ha hecho un nudo en la cuerda.

El grito de las águilas lo hizo estremecer. Miró hacia el cielo y vio a Mistral y a Levante volando en círculos sobre el pico del Diablo.

—¡Lo que me faltaba!

Los padres, que acababan de llegar, se habían sorprendido al ver que el aguilucho había vuelto al nido, pero viendo a Tristán en la pared, lo habían tomado por una nueva amenaza. No podían saber que se iba.

Para sacar la cuerda del descensor y deshacer el nudo, el guía debería haber trepado un poco por la pared. Volvió a mirar hacia el cielo, justo a tiempo para ver a Mistral, con las alas pegadas al cuerpo, lanzándose sobre él como un misil.

El bólido alado se acercaba a una velocidad de vértigo.

«Muy bien, sangre fría», pensó. Apuntaló los pies en la roca, para poder darse impulso y saltar.

El águila abrió las alas para frenar el picado y estirar las garras hacia él.

Justo antes de recibir el impacto, el guía saltó a un lado. Pero no lo suficiente.

Mistral intuyó la jugada y, con un giro hábil, consiguió agarrar con una pata la cinta del casco de seguridad, justo por encima de la oreja. Una uña lo arañó, aunque solo de refilón. El hombre y el águila estuvieron enganchados en el aire unos segundos. Tristán volvió a darse impulso con las piernas, hacia el vacío. Mistral, con la sacudida, soltó la presa.

Pero una nueva amenaza se le echaba encima desde lo alto: Levante.

El agente que se encontraba al pie de la pared metió la mano en la funda y sacó la pistola. Disparó un tiro al aire, apuntando lejos de las águilas. El estallido asustó a Levante, que recobró altura.

Tristán, mientras tanto, intentaba desesperadamente deshacer el nudo que lo tenía bloqueado ahí arriba. Las manos sudadas y el corazón palpitando con fuerza no lo ayudaban mucho.

Las dos águilas dibujaron un círculo en el cielo y se lanzaron de nuevo sobre él.

—Madre mía, las águilas atacan a Tristán. —A Clara se le quebraba la voz por la tensión.

—No han entendido que ha salvado a Céfiro… —dijo Lucas con la boca seca—. ¿Cuánto le falta para llegar al suelo?

—No mucho, pero… no lo entiendo, se ha parado, no sube ni baja —observó la chica muy preocupada.

Cuando vio a Mistral engancharse a Tristán soltó un grito.

Luego, se oyó un estallido.

—¿Quién ha disparado? —gritó Lucas, apretando los puños sobre la hierba.

—¡Creo que ha sido el agente forestal que está con él! —dijo Clara, intentando encuadrar con los prismáticos la base de la pared—. Dios mío, ¿qué podemos hacer? Las águilas vuelven al ataque y Tristán aún está parado a media pared. ¿Pero por qué no baja?

—Llévame al borde del precipicio.

—¿Eh? ¿Qué quieres hacer?

—Haz lo que te digo, por favor. Ahora verás.

Ella decidió hacerle caso. Los chicos se acercaron al precipicio, Clara tenía a Lucas agarrado por un brazo.

Él se concentró. Respiró profundamente y se llevó las manos a la boca.

Un potentísimo graznido invadió el cielo. El graznido de un cuervo grande.

La chica pegó un saltó asustada: ese grito había salido de la boca de Lucas.

Tristán se protegió la cara con los brazos, preparado para recibir el impacto de Levante.

En aquel momento, el graznido del cuervo que había emitido Lucas resonó por todo el valle.

La actitud de las águilas cambió al instante. Interrumpieron la embestida y recobraron altura, preocupadas por si el pequeño recibía el ataque de su peor enemigo alado.

Mistral planeó en busca del rival, mientras Levante volvía al nido. Tristán consiguió finalmente deshacer el nudo y desbloquear el engranaje. Poco después, llegaba al suelo. Casi ileso.

Lucas lanzó otro grito y Mistral apuntó en su dirección.

—¡Ha funcionado! —gritó Clara exultante—. Tristán está a salvo... pero ahora ya basta con el cuervo, ¿vale? Una de las dos águilas viene hacia nosotros.

Los chicos se alejaron a toda prisa del precipicio y se escondieron debajo de los alerces.

La silueta de Mistral les pasó volando por encima y lanzó un grito de desafío, al que ningún cuervo respondió. Luego viró, volvió al nido y se posó en él.

Clara se tiró al cuello de Lucas y lo abrazó con fuerza.

Al otro lado del valle hubo otro abrazo, distinto en la forma pero igual de afectuoso. El pico de Céfiro y el de Levante se rozaron: suaves reclamos acariciaron las paredes en torno al nido. Levante extendió sus grandes alas y su hijo se acurrucó debajo.

Mistral, contento, observó la escena en un segundo plano.

Luego, como si nada hubiera ocurrido, emprendió el vuelo.

Su pequeño no comía desde hacía un par de días.

CAPÍTULO 14

Un año después

La puerta del refugio chirrió. Bea se cubrió los ojos con la mano abierta para protegerse del sol cegador de primera hora de la tarde. Después de estirarse, se dirigió tranquilamente hacia el Salto del Lirón. Acababa de terminar la copiosa comida que les había preparado Héctor, y tenía muchísimas ganas de echar una siesta como Dios manda. El aire fresco del valle, a pesar del sol, la hizo estremecer. Se enrolló el pañuelo de seda al cuello.

La puerta chirrió de nuevo.

—Espéranos, tía —dijo Lucas. En su mano derecha tenía sujeta una correa de cuero suave. La correa iba enganchada a un arnés. Y el arnés lo llevaba Astro.

Astro vivía con Lucas desde hacía casi un año. Era un labrador, tranquilo y paciente como solo los perros guía lo saben ser.

Él y Lucas enseguida se habían gustado. No les había hecho falta decirse nada. El chico se había inclinado un poco y había metido las manos en el suave pelaje que le recubría el cuello como una bufanda. Astro le había lamido la cara con gran entusiasmo. Y desde entonces eran amigos.

«El nombre no es para tirar cohetes, la verdad», había comentado Lucas cuando el adiestrador le había presentado al perro. Durante los días que siguieron, había intentado acostumbrarlo a un nombre nuevo. Lo intentó con Albus… Luego con Pitón… Incluso se hubiera contentado con Dobby… pero nada, el perro solo respondía al nombre que le habían dado de pequeño. Como era lógico.

Había pasado un año desde que Lucas se había encontrado con Clara en el camino cortado por el árbol. Un año desde que ella había pronunciado esas palabras con fuerza, e incluso con un poco de rabia. Pero que habían removido algo en lo más profundo de él. Algo que ni su tía ni sus padres habían conseguido sacarle.

Evidentemente, no había sido fácil dejar a un lado al

viejo Lucas, ese de «yo lo hago todo solo», pero Astro había resultado ser el ayudante perfecto. Con él se sentía libre. Y por fin podía experimentar cada vez más y sin angustias. Podía, por ejemplo, coger el autobús solo para ir al colegio, o para encontrarse con los amigos en la ciudad. Cuando subía a un transporte público, el perro lo guiaba a un puesto libre, así no tenía que pasar revista a todos los asientos con el bastón golpeando a las personas, motivo por el que al principio no cogía los medios de transporte público solo.

El primer año en el nuevo instituto había sido fácil, y algo se había hecho evidente desde los primeros meses: su antigua obstinación habría hecho que ese periodo fuera una pesadilla. Su capacidad de orientación y de percepción no le habría bastado en aquel mundo totalmente nuevo. Le habría absorbido toda la energía y lo habría alejado del placer de vivir una nueva experiencia.

Pero estaba Astro. El perro lo ayudaba a evitar los obstáculos por la calle, a moverse por el colegio, a cruzar el umbral de cualquier puerta sin dudar en espacios que aún no conocía bien. Por no hablar de su capacidad para atraer a amigos. En el instituto, su amigo cuadrúpedo había sido como un auténtico imán. Especialmente con las chicas, tanto, que Tito decía que él también quería uno. La incomodidad que producía encontrarse por primera vez ante una persona invidente desaparecía con la mirada dulce y amistosa de Astro y con su lengua, siempre fuera. Gracias a él, en pocos días había conocido a un montón de gente. Y, una vez roto el hielo, el carácter alegre y abierto del chico había transformado muchos de esos primeros contactos en una verdadera amistad.

Lucas sabía que estaba en deuda con Clara. En los doce meses que habían transcurrido no se habían vuelto a ver, pero habían hablado muy a menudo. La amiga le había explicado que había aprovechado el cambio de curso para pasar página. «Nuevo curso, nueva Clara», le había dicho por teléfono. Con él había descubierto lo bonito que era conseguir ser ella misma incluso fuera de casa.

Lucas la echaba tanto de menos… pero ahora era cuestión de minutos: llegaría al refugio después de comer, junto con Tristán.

—Vamos a esperarlos al sol —dijo Bea caminando.

Lucas acarició la cabeza de Astro y le dio la orden de seguir a su tía. Así llegaron al Salto del Lirón y se sentaron en el prado.

—Cien —dijo el muchacho cruzando las piernas.

—¿Cien qué?

—He contado los pasos que hay del refugio hasta aquí. Son cien pasos exactos.

—Mmm, qué coincidencia —dijo Bea tumbándose en la hierba.

—¿Crees que el refugio se llama así por esto?

—Se lo preguntaremos a Héctor —dijo su tía bostezando. No tenía muchas ganas de hablar. Solo quería echar una cabezadita.

Lucas se tumbó, atento a cualquier voz que proviniera del sendero. Con la mano acariciaba el pelaje de Astro, que disfrutaba de los mimos. También el perro había recibido una superración de comida de parte de Héctor y su estómago estaba redondo e hinchado como una pelota de baloncesto.

La respiración regular de Bea, que ya se había dormido, relajó al perro y también al muchacho.

De pronto, Astro levantó el hocico. Una sombra había velado por un instante el sol. Gimoteó.

—¿Qué ocurre? —murmuró Lucas.

Le acarició la cabeza y notó que su hocico apuntaba hacia arriba. La silueta de un águila, oscura sobre el cielo, se materializó en su mente. Un potente aleteo le pellizcó los oídos. Céfiro planeaba por encima de él, cabalgando las corrientes de aire que rompían, como olas invisibles, en el Salto del Lirón.

—Has venido a saludarme —susurró el chico.

El águila descendió. Céfiro dibujó un círculo en el

aire, por encima de Lucas, luego se dejó llevar de nuevo por las olas del viento.

El muchacho agarró el asa del arnés de Astro y se levantó lentamente. Dio un paso hacia el borde del precipicio. El perro se dio cuenta del peligro y se puso al través, protegiendo al amo.

—Me está llamando, Astro. Quiere que vaya con él —y en el mismo instante en que lo dijo, Lucas sintió que era justo como en su sueño. Pero esta vez el chico que se le parecía no estaba. Estaba él solo, al borde del precipicio, con Céfiro. El águila dibujó otro círculo por encima de su cabeza y luego planeó en dirección al valle.

El chico soltó el asa de cuero y extendió los brazos. Pasó por encima de Astro y de un salto se lanzó al vacío.

Se precipitó en caída libre durante unos instantes que le parecieron eternos. Se le cortó la respiración. Sabía que debajo de él los abetos puntiagudos y la dura roca se acercaban. Pero cuanto más caía menos miedo sentía. Era como un águila bajando en picado, que se lanza detrás de una presa.

De repente, a su lado escuchó un potente aleteo. El grito agudo de Céfiro lo animó. Lucas extendió los brazos y juntó las piernas estiradas, como un saltador olímpico. El aire le golpeaba la cara, los pelos se le movían enloquecidos. Respiró el musgo del bosque, cada vez más cerca. Estaba a punto de estrellarse.

Pero de pronto, su percepción del viento cambió. Una corriente de aire más cálido, procedente de abajo, lo agarró por el pecho y lo levantó suavemente, como una mano invisible. El águila gritó de nuevo y voló delante de él. Azotó el aire con un potente aleteo y recobró altura poco antes de llegar al suelo.

Lucas la siguió.

Ya no caía.

Estaba volando.

Sintió las puntas de los abetos rasgarle la ropa. Se sucedían uno tras otro a toda velocidad. Siguió a Céfiro en un giro al límite de lo imposible y encaró una canal. Sobrevolaron juntos el curso espumeante de un río. Las gotas de agua suspendidas en el aire le humedecieron las mejillas y los ojos. De un bolsillo le cayó una ristra de caramelos.

Detrás de él, oyó unos jadeos. No se sorprendió.

—Hola, Astro, tú también estás volando, ¿eh? ¿No te encanta? —Se rio con ganas—. ¡Eh, no te comas los caramelos con el papel!

El perro ladró con fuerza.

Bea se despertó sobresaltada.

—¡Lucas! —dijo alzándose—. ¿Qué haces?

Su sobrino estaba de pie, a un metro del precipicio, con el viento meciéndole el pelo, los brazos extendidos moviéndose en lentos virajes imaginarios.

Astro, al través a sus pies, miraba primero a Lucas y luego a Bea con aire interrogativo. Los ojos húmedos y su larga lengua fuera.

La tía avanzó un paso y extendió lentamente una mano hacia su sobrino. El grito de un águila recorrió el valle. La mano de Bea se paró.

Lucas estaba sonriendo.

La leyenda decía la verdad: incluso los lirones pueden volar.

NOTA DEL AUTOR

Cuando este cuento era aún una nube de conceptos e imágenes que daba vueltas por mi cabeza, se me ocurrió la idea de intentar escribirlo utilizando descripciones en su mayor parte relacionadas con el oído, el olfato, el tacto y el gusto. La necesidad de encontrar soluciones alternativas a la luz, los colores, las formas no perceptibles al tacto, me ha regalado la oportunidad de descubrir esos mensajes de la naturaleza que a menudo permanecen secretos, y ha encendido en mí la conciencia de lo rica que es la distinta normalidad de quien no ve con los ojos.

AGRADECIMIENTOS

Este libro nunca habría visto la luz si no hubiera conocido a Sandro y a su tía Daniela. Los encontré por primera vez en el Parque Nacional de los Abruzos, donde Sandro acababa de terminar un voluntariado. Durante aquella experiencia, había resultado ser un auténtico líder, el más entusiasta de todo el grupo. Su fuerza y su tenacidad habían sido un ejemplo para los demás compañeros de voluntariado, un punto de referencia que ha hecho únicos esos días de aventura y de contacto con el mundo natural.

El Lucas del cuento no es Sandro, pero es un personaje que recuerda a él por su increíble, y puede que inconsciente, capacidad de hacer disfrutar el placer de ser, de hacer y de experimentar. Es justo el efecto que tiene sobre los otros lo que hace a Lucas más parecido a Sandro: sus ganas de vivir trazan una vía que va directa a la puerta del corazón y, una vez desencajada, no tiene dificultades para abrir los ojos de los demás sobre nuevos escenarios interiores.

Sandro, este libro es para ti. Que tus pasos curiosos e incansables te lleven lejos, a descubrir la naturaleza como pocos saben hacer. Como en aquella noche en la que, sorprendiendo a todos tus amigos —y quizá incluso a ti mismo—, imitaste el aullido del lobo tan bien que te respondió una manada entera. Para mí, desde aquel día, te has convertido en «Hablando con lobos».

Llego ahora a dos personas únicas, Moira y Lucas. En cada experiencia de Sandro, habéis sido como Mistral y Levante en el primer vuelo de Céfiro: habéis estado dispuestos a dejarlo libre para que pudiera desplegar las alas; dispuestos, a su regreso, a acogerlo con un abrazo tranquilizador.

De Daniela, la supertía compañera de viajes y de aventuras, admiro la sensibilidad, la perseverancia, el amor y la firme determinación. Le doy las gracias por haberme transmitido todo esto en sus historias.

Quiero expresar mi agradecimiento a LIA (Libri Italiani Accessibili), al Istituto dei Ciechi de Milán, a Elisa Molinari, Antonio Cotroneo y Elisabetta Corradin por su constante compromiso para eliminar barreras y prejuicios.

Un agradecimiento especial a Marta Mazzacano, del

CAI (Club Alpino Italiano), y a Mariagrazia Mazzitelli, directora editorial de Salani, para haber creído firmemente en este libro.

Quiero dar las gracias a todos los voluntarios del Gruppo Rapaci Sicilia, que con su esfuerzo constante vigilan los nidos de águila de Bonelli y otras rapaces raras, desafiando —y arriesgando su propia integridad— a los furtivos sin escrúpulos que roban los nidos y alimentan tráficos ilegales.

Por último, quiero dar las gracias a Emanuele, Claudio y Antonella, y a los voluntarios Sara, Elena, Tiziana, Francesca, Lorenzo y Matilde, que me han permitido observar el mundo de Sandro a hurtadillas, como si fuera invisible. Aunque él, se aceptan apuestas, seguro que me vio.

ÍNDICE

PRÓLOGO	7
CIEN PASOS PARA VOLAR	
Capítulo 1	9
Capítulo 2	17
Capítulo 3	25
Capítulo 4	33
Capítulo 5	39
Capítulo 6	49
Capítulo 7	59
Capítulo 8	67
Capítulo 9	79
Capítulo 10	89
Capítulo 11	99
Capítulo 12	105
Capítulo 13	113
Capítulo 14	123
NOTA DEL AUTOR	133
AGRADECIMIENTOS	135

Giuseppe Festa es licenciado en Biología, educador medioambiental y escritor de literatura infantil y juvenil. Además, es autor de reportajes sobre naturaleza emitidos en la televisión pública italiana (Rai) y protagonista del premiado documental *Oltre la frontiera*. Combina su amor por la naturaleza y los libros con su faceta de músico, cantante del grupo Lingalad.

Cien pasos para volar es su cuarta novela. Una obra que nace después del encuentro del autor con un joven invidente, apasionado de la montaña y los animales, capaz de vivir la naturaleza con una gran intensidad.

Esta primera edición de *Cien pasos para volar*
de Giuseppe Festa se terminó de imprimir en *Grafica
Veneta S.p.A. di Trebaseleghe* (PD) de Italia en marzo de 2018.

Duomo ediciones es una empresa comprometida con el medio ambiente. El papel utilizado para la impresión de este libro procede de bosques gestionados sosteniblemente.

PEFC™
PEFC/18-31-226

Este libro está impreso con el sol. La energía que ha hecho posible su impresión procede exclusivamente de paneles solares. Grafica Veneta es la primera imprenta en el mundo que no utiliza carbón.